# Wirtschaftsspionage

Dirk Fleischer

# Wirtschaftsspionage

Phänomenologie – Erklärungsansätze –
Handlungsoptionen

Dirk Fleischer
Schulzendorf, Deutschland

ISBN 978-3-658-11988-1      ISBN 978-3-658-11989-8 (eBook)
DOI 10.1007/978-3-658-11989-8

Die Deutsche Nationalbibliothek verzeichnet diese Publikation in der Deutschen Nationalbibliografie;
detaillierte bibliografische Daten sind im Internet über http://dnb.d-nb.de abrufbar.

Springer Vieweg

Springer Vieweg  ist Teil von Springer Nature
Die eingetragene Gesellschaft ist Springer Fachmedien Wiesbaden GmbH

*Danke für meine Arbeitsstelle,*
*danke für jedes kleine Glück.*
*Danke für alles Frohe, Helle und für die Musik.*

*Kirchenlied von Martin Gotthard Schneider (1961)*

# Abkürzungsverzeichnis

| | |
|---|---|
| a.a.O. | am angegebenen Ort |
| ADR | Accord européen relatif au transport international des marschandises Dangereuses par Route; Europäisches Übereinkommen über die internationale Beförderung gefährlicher Güter auf der Straße |
| AEO | Authorised Economic Operator |
| AG | Aktiengesellschaft |
| AktG | Aktiengesetz |
| ATZüV | Atomrechtliche Zuverlässigkeitsüberprüfungs-Verordnung |
| BAFIN | Bundesanstalt für die Finanzdienstleistungsaufsicht |
| BayObLG | Bayrisches Oberstes Landesgericht |
| BetrVG | Betriebsverfassungsgesetz |
| BfV | Bundesamt für Verfassungsschutz |
| BGH | Bundesgerichtshof |
| BilMoG | Bilanzrechtsmodernisierungsgesetz |
| BKA | Bundeskriminalamt |
| BReg. | Bundesregierung |
| BSI | Bundesamt für Sicherheit in der Informationstechnik |
| BT | Bundestag |
| BV | Betriebsvereinbarung |
| CIA | Central Investigation Agency |
| CIFAS | Credit Industry Fraud Avoidance Service; heute bekannt als National Fraud Database |
| CSO | Chief Security Officer |
| d.h. | das heißt |
| Drs. | Drucksache |
| DV | Datenverarbeitung |
| DVD | Digital Video Disk |
| ebd. | ebenda |

| | |
|---|---|
| et al. | und andere |
| etc. | et cetera |
| f. | folgende |
| ff. | fortfolgende |
| GenG | Genossenschaftsgesetz |
| GmbHG | Gesetz betreffend der Gesellschaften mit beschränkter Haftung |
| GRUR | Gewerblicher Rechtschutz und Unternehmensrecht |
| HDD | Hard Drive Disk (Festplatte) |
| HGB | Handelsgesetzbuch |
| Hrsg. | Herausgeber |
| i.e.S. | im engeren Sinn |
| i.S.d. | im Sinne des |
| i.Ü. | im Übrigen |
| i.W. | im Wesentlichen |
| i.w.S. | im weiteren Sinn |
| IT | Informationstechnologie |
| itS | Informationstechnisches System |
| KontraG | Gesetz zur Kontrolle und Transparenz im Unternehmensbereich |
| KPMG | Klynveld, Peat, Marwick und Goerdeler; Gründen der gleichnamigen Unternehmensberatung |
| lit. | littera (Buchstabe) |
| m.w.N. | mit weiteren Nachweisen |
| MfS | Ministerium für Staatssicherheit |
| Mio. | Millionen |
| Mrd. | Milliarden |
| NFIS | Nationale Initiative für Internet- und Informationssicherheit |
| NSA | National Security Agency |
| OECD | Organisation for Economic Co-operation and Development |
| OLG | Oberlandesgericht |
| OWIG | Ordnungswidrigkeitengesetz |
| p.a. | per anno |
| PKS | Polizeiliche Kriminalstatistik |
| Rdnr. | Randnummer |
| RISK | Risiko Identifikation |
| S. | Seite |
| SAT | Situational Action Theorie |
| SchwerbG | Schwerbehindertengesetz |
| SE | Social Engineering |
| sog. | sogenannte |
| StGB | Strafgesetzbuch |

| | |
|---|---|
| SÜG | Sicherheitsüberprüfungsgesetz |
| u.a. | unter anderem |
| USB | Universal Serial Bus |
| UWG | Gesetz gegen den unlauteren Wettbewerb |
| VDI | Verein Deutscher Ingenieure |
| vgl. | vergleiche |
| VW | Volkswagen |
| z. B. | zum Beispiel |
| ZStW | Zeitschrift für die gesamte Strafwissenschaft |

# Inhaltsverzeichnis

# Abbildungsverzeichnis

# Tabellenverzeichnis

# Einleitung

*„Die Werkspionage ist älter als die militärische Spionage und wird letztere überdauern, falls eine allgemeine Abrüstung oder die Ablieferung aller Waffen an die UNO eines Tages jede militärische Spionage überflüssig macht." (Bergier 1972)*

**Zusammenfassung**

Die illegale Abschöpfung vertraulicher Unternehmensdaten durch Unternehmen oder fremde Nachrichtendienste ist kein Einzelfall, denn zahlreiche Firmen sehen den Schutz vor „Datenklau" als eine der großen Herausforderungen an und haben bereits Erfahrungen mit Informationsabfluss gemacht. Dabei geht es nicht nur um die Ausspähung von außen, sondern auch um den Informationsverlust durch Innentäter. Hierbei bestehen oftmals Unstimmigkeiten in der phänomenologischen Betrachtung und der Zuordnung der jeweiligen Aktivitäten. Verschiedene Facetten des Phänomens werden im 1. Kapitel aufgegriffen. Hieran sollen im weiteren Verlauf dieses Buches die unterschiedlichen Abgrenzungskriterien ebenso entwickelt werden wie die denkbaren Handlungskonzepte.

Die Unternehmensberatung KPMG geht davon aus, dass 14 % der deutschen Unternehmen annehmen, dass bei ihnen Geschäfts- oder Betriebsgeheimnisse abgeschöpft wurden.[1] Die Nationale Initiative für Internet- und Informationssicherheit NIFIS ermittelt, dass 80 % der befragten deutschen Unternehmen im *„Datenklau im eigenen Unternehmen – der Schutz vor eigenen Mitarbeitern"* eine der großen Herausforderungen der nächsten Jahre sehen.[2] Während nur 65 % der Unternehmen angeben, Angst vor einer

---

[1] KPMG, e-Crime, Computerkriminalität in der deutschen Wirtschaft 2015, Berlin (2015).
[2] NIFIS (2014), Studie „IT-Sicherheit und Datenschutz 2015", Antwort zu Frage 1. (Teil 1).

© Springer Fachmedien Wiesbaden 2016
D. Fleischer, *Wirtschaftsspionage*, DOI 10.1007/978-3-658-11989-8_1

Ausforschung durch NSA und Co. zu haben, schätzen 71 % der Befragten die Gefahr durch „*Hacker aus dem eigenen Unternehmen*" als größer ein.[3] Auch ohne einen expliziten Hinweis auf den bekanntesten Innentäter der jüngsten Geschichte – Edward Snowden – scheint das Phänomen sowohl in der medialen Berichterstattung, als auch im unternehmerischen und staatlichen Wirken omnipräsent zu sein.

Dabei firmiert die illegale Abschöpfung vertraulicher Unternehmensdaten unter unterschiedlichen Oberbegriffen wie „Betriebsspionage", „Industriespionage", „Werkspionage", „Konkurrenzausspähung", „Know-how-Diebstahl" etc. Das sich hinter den Begriffen rechtlich unterschiedliche, phänomenologisch jedoch oftmals kongruente Delikte befinden, ist u.a. Gegenstand des Buches. Zudem sollen die kriminologischen Erklärungen analysiert und genutzt werden, um einen wirkungsvollen Präventionsansatz zu entwickeln.

Dieses Buch bietet sowohl einen **wissenschaftlich, theoretischen Erklärungsansatz zur Phänomenologie** und der **kriminologischen Hintergründe**, als auch **praktische Hilfestellung**, um ein wirksames und umfassendes Informationsschutzkonzept zu implementieren.

---

[3] NIFIS (2014), Studie „IT-Sicherheit und Datenschutz 2015", Antwort zu Frage 4. (Teil 2).

# Phänomenologie

# 2

> *„Ökonomisch betrachtet ist Spionage eine lohnende Strategie."*
> *(Guldner 2014)*

### Zusammenfassung

Das Phänomen der Wirtschaftsspionage ist so alt wie die Menschheit.

Von Wirtschaftsspionage ist zu sprechen, wenn es sich um staatliche Akteure handelt und von Wirtschaftsausspähung, wenn es sich um nicht staatliche Akteure handelt.

Nachrichtendienste nutzen immer häufiger die Fassade von Unternehmen oder Organisationen für ihre Zwecke. Dem Angegriffenen ist nicht bewusst, dass hinter der Attacke nicht ein konkurrierendes Unternehmen, sondern eine fremde staatliche Macht steckt.

Die Kriminalstatistiken erfassen nur wenige Fälle des Phänomens als tatsächlich registrierten und objektivierbaren Anteil der Kriminalität. Statistisch spielen beide Delikte kaum eine Rolle.

Anders sieht dies mit der durch Unternehmen wahrgenommenen, also gefühlten Sicherheit aus, da Befragungen indizieren, dass die Unternehmen mit einer erheblichen Betroffenheit durch Informationsdiebstahl rechnen.

Besonderes Misstrauen herrscht gegenüber den sogenannten **Innentätern** auf die in diesem Kapitel näher eingegangen wird.

© Springer Fachmedien Wiesbaden 2016
D. Fleischer, *Wirtschaftsspionage*, DOI 10.1007/978-3-658-11989-8_2

## 2.1 Unterscheidung zwischen Wirtschaftsspionage und Konkurrenzausspähung

Bei der Einordnung der Begriffe Wirtschaftsspionage und Konkurrenzausspähung kommt es im Wesentlichen darauf an, wer als potentieller Angreifer auf Unternehmenswissen zugreifen kann. Allgemein anerkannt ist der Terminus „Spionage" in den Fällen, in denen staatliche Akteure handeln.[1] So definiert die Bundesregierung Wirtschaftsspionage als *„staatlich gelenkte oder gestützte, von Nachrichtendiensten fremder Staaten ausgehende Ausforschung von Wirtschaftsunternehmen und Betrieben."*[2] Bei der *„Ausforschung unter konkurrierenden Unternehmen"* handelt es sich wiederum um die sog. „Konkurrenzausspähung".[3]

Ob der Begriff „Konkurrenzausspähung" die richtige Bezeichnung ist, muss diskutiert werden. Er impliziert, dass ein Konkurrent ausgespäht wird. Dabei werden Fälle, in denen es nicht um die Ausforschung eines gegenwärtig konkurrierenden Unternehmens geht, nicht erfasst. Aber es ist z. B. möglich, dass in einem Unternehmen Informationen abgeschöpft werden, diese zwar nicht unmittelbar einem Konkurrenten aber ggf. einem unternehmerischen Interessenten, einem mittelbaren Interessenten (Berater) oder Sonstigen (Presse, Non-Profit Organisation, Interessenvertreter etc.) zur Verfügung gestellt werden. Daher wäre der Begriff „Industrieausspähung" sprachlich treffender.

Ebenso diskussionswürdig ist die Frage, ob der Präfix „Industrie" richtig gewählt ist. Industrie impliziert eine Wirtschaftsform, bei der Maschinen Güter verschiedener Art herstellen. Besser wäre es demnach von Wirtschaftsspionage und Wirtschaftsausspähung zu sprechen, damit sämtliche Wirtschaftsleistungen, also i.W. Produktion, Handel, Banken, Dienstleistungen etc. umfasst wären.

---

**Conclusion**

| Wirtschafts..... | | |
|---|---|---|
| -spionage | → | durch staatliche Akteure |
| -ausspähung | → | durch private Akteure |

---

[1] *Maro* (a.a.O., S. 14 f.) verwendet die Begriffe Industriespionage, Wirtschaftsspionage, Informationsspionage und militärische Spionage und bringt diese sowohl in den unternehmerischen, als auch staatlichen Kontext. Die in der übrigen Literatur eher durchgängige Unterscheidung in staatliche Spionage und unternehmerische Ausspähung gestattet hingegen allein schon semantisch eine vereinfachte phänomenologische Unterscheidung.

[2] BT-Drucksache 18/215, Antwort zu Frage 1.

[3] BT-Drucksache 18/215, Antwort zu Frage 1.

Wie später noch dargestellt wird, ist die Unterscheidung in staatliche **Wirtschaftsspionage** und private **Wirtschaftsausspähung** vor allem in Bezug auf die relevanten Strafrechtsnormen erheblich (vgl. Kap. 4).

In diesem Buch wird durchgängig von Wirtschaftsspionage die Rede sein, wenn es sich um staatliche Aktivitäten und von Wirtschaftsausspähung, wenn es sich um unternehmensbezogene Aktivitäten handelt.

Phänomenologisch, kriminologisch und tatsächlich gibt es große Schnittmengen, die nachfolgend dargestellt werden.

**Hintergrund**
Was bedeutet eigentlich ... **Kriminologie?**
   Wörtlich ist es die Lehre vom Verbrechen. Die Kriminologie ist eine disziplinenübergreifende Wissenschaft, die sich mit den Ursachen für sozialschädliches, abweichendem (deviantem) oder kriminellem, zumeist normüberschreitendem (delinquenten) Verhalten befasst.
   Was bedeutet eigentlich ... **Phänomenologie?**
   Die Phänomenologie ist Teil der Kriminologie und beschreibt die Ursachen (Wer hat was, wo, wann getan? Wie, womit und warum?) und Folgen (zumeist kriminalstatistisch) einzelner Delikte.

## 2.2   Verflechtung staatlicher und unternehmerischer Ausspähung

Die Übergänge zwischen staatlicher Spionage und unternehmerischer Ausspähung sind in der Praxis nicht trennscharf. *Bergier* ging bereits Anfang der 1970er-Jahre davon aus, dass *„Industriespionage [...] auf jeder Ebene ausgeübt"*[4] werde. *„Staaten betreiben sie ebenso wie internationale Organisationen oder Einzelpersonen."*[5]

Die in jüngster Zeit bekannt gewordenen Verknüpfungen von staatlichen Aktivitäten, unter dem Deckmantel privater Unternehmen, liefern ein Indiz für diese Vermutung. So arbeitete der bekannte Innentäter Edward Snowden nicht unmittelbar für die amerikanische CIA. Sondern war u.a. Angestellter eines externen Dienstleisters, der Booz Allen Inc.[6] Er war also für ein privates Unternehmen tätig, aber *„durch die Verquickung zwischen Geheimdiensten und privaten Zuarbeitern ist die Unterscheidung eher theoretisch"*.[7]

Ein weiteres Beispiel für die enge staatliche Verbindung zwischen staatlichen und privaten Organisationen ist das amerikanische Unternehmen IN-Q-TEL. Das Unternehmen wirbt auf der eigenen Homepage mit folgendem Slogan: *„We identify, adapt, and*

---

[4] *Bergier*, Industriespionage, S. 8.

[5] *Bergier*, a.a.O.

[6] http://www.boozallen.com

[7] *Rosenbach/Stark*, S. 51; an dieser Stelle auch umfassend zur Ausrichtung und Struktur des Unternehmens.

*deliver innovative technology solutions to support the missions of the Central Intelligence Agency and broader U.S. Intelligence Community.*"[8] Die eigene Entstehung beschreibt das Unternehmen wie folgt: *„In 1998, CIA identified technology as a top strategic priority, and set out a radical plan to create a new venture that would help increase the Agency's access to private sector innovation. In-Q-Tel was chartered in February 1999 by a group of private citizens at the request of the Director of Central Intelligence and with the support of the U.S. Congress. IQT was tasked with building a bridge between the Agency and a new set of technology innovators."*[9]

Dass die **USA** nach dem 11. September 2001 ihre Geheimdienststrukturen um zahlreiche „unternehmerische Kooperationen" erweitert haben, ist hinlänglich bekannt.[10] Die hier erwähnten Unternehmen sind leicht zu identifizieren und die Kooperation evident; problematischer sind Unternehmen, die schwer zu recherchieren sind und nachrichtendienstlicher Analyse bedürfen.

Auch aus **China** sind derartige Konstruktionen bekannt. Der Verfassungsschutzbericht 2013 des Bundesamt für Verfassungsschutz (BfV) führt dazu aus: *„Aufgrund der Bedeutung der ökonomischen Entwicklung für die Stabilität des Staates sind die Nachrichtendienste aufgefordert, aus anderen Staaten Informationen aus der Wirtschaft und technische Neuentwicklungen zu beschaffen. In Deutschland wurden wiederholt illegale Ausspähversuche in Firmen und Forschungsinstituten festgestellt. Ob es sich hierbei um eine staatlich betriebene Wirtschaftsspionage oder um private (Konkurrenz-) Ausspähung handelt, ist wegen der engen Verflechtung von Wirtschaft und Staat in China im Einzelfall nur schwer zu unterscheiden."*[11]

Eine besondere Herausforderung stellen die chinesischen Regierungsprogramme dar, die darauf ausgerichtet sind, unter Ausschöpfung aller Möglichkeiten, den chinesischen Technologie- und Wirtschaftsvorteil zu sichern. Seit Mitte der 1980er-Jahre firmieren unter der Bezeichnung *„Project 863"* diverse Programme, die unter Leitung des chinesischen Technologie- und Wissenschaftsministeriums die technologische und wirtschaftliche Weiterentwicklung Chinas forcieren sollen.[12] Ein wesentliches Element ist auch hier, die enge Verzahnung von staatlichen und privaten Aktivitäten. Eine zentrale Rolle spielt neben der unternehmerischen Ausforschung die Nutzung privater Quellen, wie die Nutzung der Erkenntnisse von Studenten und Reisenden. So nimmt sich die *Chinese Students and Scholar Association*[13] (CSSA) der Aufgabe an, als Bindeglied zwischen Universitäten, Unternehmen und Studenten zu fungieren. Dass von der CSSA nicht nur Studienplätze, sondern auch interessante Praktika und lohnenswerte

---

[8] https://www.iqt.org
[9] https://www.iqt.org/about-iqt/
[10] *Rosenbach/Stark*, S. 46.
[11] Zitiert bei *Köhler*, S. 34 f.
[12] *Roper*, S. 4 ff.
[13] www.cssauk.org.uk.

Beschäftigungsverhältnisse vermittelt werden, ist bekannt.[14] Wahrscheinlich ist, dass niedrige Bezahlungen bewusst akzeptiert werden, um an lohnenswerte Informationen zu kommen.[15] Mit rund 32.500 Studenten stellen die Chinesen i.Ü. im Wintersemester 2014/ 2015 die zweitgrößte Gruppe ausländischer Studenten an deutschen Universitäten dar.[16]

Eine enge Verflechtung zwischen staatlichen Stellen und Unternehmen gibt es ebenso in **Russland**. Exemplarisch weise ich auf den Konflikt um Gaslieferungen und die Monopolstellung des russischen Staatskonzerns GAZPROM hin. Experten gehen davon aus, dass Teile der russischen organisierten Kriminalität enge Beziehungen zu staatlichen Stellen pflegen.[17] Dass die Akteure dabei zumeist eine gemeinsame Zeit bei einem der vielen Geheimdienste verbindet, wurde vielfach erwähnt. *Corporate Trust* stellt hierzu folgendes fest: „*Gerade bei Angriffen in/aus ehemals oder noch kommunistischen Ländern ist es für Unternehmen manchmal schwer zu trennen, wer das Know-how entwendete, da hier oftmals enge Verknüpfungen zwischen Staat und Wirtschaft bestehen bzw. undurchsichtige Beteiligungsstrukturen bei den Gesellschaften herrschen. Bei einem Joint Venture oder einer sonstigen Geschäftsbeziehung mit einem Partner in diesen Ländern kann es daher durchaus vorkommen, dass es sich scheinbar um ein ganz normales Unternehmen handelt, die Verantwortlichen aber tatsächlich einer staatlichen Stelle zuzuordnen sind und der geschäftliche Kontakt vor allem zur Informationsgewinnung initiiert wurde.*"[18]

Die Bundesregierung stellt auf eine Anfrage im Deutschen Bundestag fest, dass „*eine Differenzierung, ob tatsächlich Wirtschaftsspionage (für eine fremde Macht) oder Konkurrenzausspähung (Ausspähung durch ein anderes Unternehmen) vorliegt, [...] sich häufig nur schwer treffen*"[19] lässt. Zudem merkt die Regierung weiter an, dass bei einem Großteil der bekannten **Ermittlungsverfahren** die Grenzen zwischen privater Wirtschaftsausspähung und staatlicher Wirtschaftsspionage verschwommen sind.[20]

Der Antrag der SPD Fraktion im Deutschen Bundestag „*Wirtschaftskriminalität effektiv bekämpfen*" verdeutlicht nicht nur die Verzahnung staatlicher und privater Ausforschungen, sondern formuliert auf dieser Grundlage folgende Forderung: „*Daher ist der Staat gefordert, Unternehmen bei der Bekämpfung ausländischer Konkurrenzausspähung zu helfen. Sinnvoll könnte es sein, dem französischen Beispiel zu folgen und den staatlichen Nachrichtendienst, das Bundesamt für Verfassungsschutz und gegebenenfalls die*

---

[14] Zur Rolle der studentischen und sonstige Informanten umfassend *Roper*, S. 23 ff.

[15] Hierzu u.a. eine Parlamentarische Anfrage im Europäischen Parlament vom 06.06.2005 (E-2001/05), die auf entsprechende Erkenntnisse hinweist (Veröffentlicht unter ABl. C 299 vom 08.12.2006).

[16] www.statista.de; nach der Türkei mit rund 34.700 Studenten und vor Russland mit rund 15.000 Studenten.

[17] vgl. *Roth*, S. 82 ff.

[18] Corporate Trust, S. 30.

[19] BT-Drs. 18/159 zu Frage 10.

[20] BT-Drs. 18/2881 zu Frage 15; ebenso BT-Drs. 18/159 zu Frage 10.

*Landesverfassungsschutzämter zur Unterstützung privater Unternehmen gegen ausländische Konkurrenzausspähung einzusetzen.*"[21]

Die vorangestellten Beispiele sind Grund genug, beide Deliktbereiche phänomenologisch gemeinsam zu betrachten.

## 2.3    Der Innentäter

Der Begriff des Innentäters wird vielfach verwendet und ist rechtlich nicht eindeutig definiert.

▶ **Definition** Im Allgemeinen wird hierunter eine **natürliche Person** verstanden, die **aufgrund eines Beschäftigungsverhältnisses besondere Kenntnisse und/oder Fertigkeiten** besitzt, durch die sie **unmittelbaren oder mittelbaren Zugang** zu **unternehmensbezogenen Informationen oder Prozessen** hat, **die einem außerhalb** des Unternehmens stehenden Täterkreis **nicht oder nur unter erheblichen Schwierigkeiten** zur Verfügung stehen.[22]

Wie zahlreich die Fehlerquellen durch Innentäter sein können, zeigt exemplarisch der **Gefährdungskatalog des Bundesamtes für Sicherheit in der Informationstechnik (BSI).**[23] Dieser führt gegenwärtig 123 IT-bezogene Handlungen auf, die als *„menschliche Fehlerquelle"* die Integrität von informationstechnischen Systemen (itS) beeinträchtigen können. Wenn man diese – auch fahrlässig zu begehenden Handlungen – noch um den Anteil potentiell krimineller, nicht IT-relevanter Tatbegehungsweisen ergänzt, wird das Potential deutlich, dass von einem motivierten Innentäter ausgehen könnte.

### 2.3.1    Innentäter im engeren Sinn

Relativ unproblematisch lässt sich die Definition auf alle Mitarbeiter eines Unternehmens anwenden, die in einem andauernden Beschäftigungsverhältnis stehen oder aus diesem kürzlich ausgeschieden sind.

Diese Personengruppe hat **weitreichende Innenansichten eines Unternehmens.** Sie ist nicht nur in der Lage, relevantes Unternehmenswissen zu identifizieren, sie verfügt

---

[21] BT-Drs. 17/13087; S. 23.

[22] *Bisanz* (a.a.O., S. 31) geht an dieser Stelle weiter, da er als Innentäter auch Personen ansieht, die durch eigenes Fehlverhalten ohne strafbaren Vorsatz, zum Informationsabfluss beitragen. Sicherlich stellt dieses Verhalten für operativ Verantwortliche in den Unternehmen eine taktische Herausforderung dar. Kriminologisch relevant ist es jedoch nicht.

[23] https://www.bsi.bund.de/DE/Themen/ITGrundschutz/ITGrundschutzKataloge/Inhalt/Gefaehrdung skataloge/G3MenschlicheFehlhandlung/g3menschlichefehlhandlung_node.html

auch über die besten Möglichkeiten, Netzwerke und Werkzeuge, um relevantes Wissen abzuschöpfen. Bei dieser Gruppe handelt es sich um „Innentäter im engeren Sinn" (Innentäter i.e.S.).

## 2.3.2 Innentäter im weiteren Sinn

Diskutiert werden muss, ob es eines gültigen Beschäftigungsverhältnisses bedarf oder ob nicht auch **externe Beschäftigte** (Subunternehmen, Berater, etc.) Innentäter im phänomenologischen Sinn sein können.

Verizon beschreibt den Kreis dieser potentiellen Akteure wie folgt: *„As mentioned in the beginning of this section, insiders aren't the only ones who misuse entrusted privileges and resources. Figure 33 gives an account of external and partner actors who directly or indirectly participated in incidents of misuse. Organized criminals bribe insiders to steal data for fraud schemes. Former employees exploit still active accounts or other holes known only to them. Competitors solicit intellectual property to gain business advantages. To mount a proper defense, organizations must take into account that such players are on the field."*[24]

In diesem Fall spricht man von „Innentäter im weiteren Sinn" (Innentäter i.w.S.).

Phänomenologisch ist es sinnvoll, den „Innentäter i.w.S." zum Kreis der Innentäter zu zählen, da diese unabhängig der Unternehmenszugehörigkeit aus einer vergleichbaren individuellen Motivationslage handeln wie der „Innentäter i.e.S.". Wesentlich sind hierbei – wie später noch zu diskutieren sein wird – ideologische und egoistische Motive (vgl. Kap. 5).

*Geschonneck* geht noch weiter, indem er feststellt: *„Die Betrachtung der Innentäterproblematik darf nicht nur auf die Mitarbeiter isoliert werden. Vielmehr ist dabei einzubeziehen, dass diesem Täterkreis alle mit erweitertem internem Know-how ausgestatteten Personengruppen gehören. Hierzu zählen dann auch Geschäftspartner, Lieferanten, externe Dienstleister und eben auch Kunden."*[25]

Allerdings geht Geschonneck zu weit, bei der Betrachtung den Kunden einzubeziehen – aus rechtlichen und phänomenologischen Gründen – da hierdurch die Grenzen zwischen internen und externen Tätern verschwimmen. Es ist schwerlich vorstellbar, dass ein Kunde derart intensiv über **tatnotwendiges internes Know-how** verfügt, um ein Innentäter zu werden.

---

[24] Verizon, S. 24.
[25] *Geschonneck*, S. 22.

**Conclusion**

| Innentäter..... | | |
|---|---|---|
| -im engeren Sinn | → | aktive oder ehemalige Mitarbeiter |
| -im weiteren Sinn | → | Berater, Dienstleister, Lieferanten etc. |

### 2.3.3   Gefährdungspotential durch Innentäter

Nach Einschätzung des Bundeamtes für Verfassungsschutz sind Innentäter *„in Anbe-tracht ihrer legalen Zugangsmöglichkeiten und ihres Insiderwissens über innerbetrieb-liche Schwachstellen in der Lage, den Unternehmen mehr Schaden zuzufügen als externe Täter es je könnten. Hierarchieebenen bilden keine Grenzen mehr – Täter kann vom Hausmeister bis zum Manager jeder sein."*[26]

Auch die Landesverfassungsschutzbehörden weisen auf das besondere Gefahrenpotential hin. Das Landesamt für Verfassungsschutz Bayern, betont ausdrücklich, dass besonders auf **Praktikanten, frustrierte Mitarbeiter sowie gekündigte Mitarbeiter** geachtet werden sollte, die während der Kündigungsfrist im Unternehmen bleiben.[27]

Die bereits zitierte Antwort der Bundesregierung auf eine entsprechende Anfrage führt aus, dass der *„Innentäter [...] eine erhebliche Gefahr für die Unternehmen"*[28] darstellt. Aus diesem Grund würde bereits bei Awareness-Schulungen und im sog. IT-Grundschutz-programm des BSI, als auch im zukünftig noch zu schaffenden nationalen Wirtschafts-schutzkonzept, hierauf eingegangen.[29]

**Hintergrund**
In der Studie „Exzellenz braucht Existenz" verdeutlichen Raupach[30] u.a.:

> *„Mehr als 60 Teilnehmende (ca. 4 % bezogen auf die Gesamtzahl der Umfrageteilnehmerin-nen und -teilnehmer) an Hochschulen in 13 Bundesländern sowie an verschiedenen For-schungseinrichtungen geben zudem an, im Zusammenhang mit der Befristungssituation schon einmal das Fälschen von Daten oder Untersuchungsergebnissen erlebt zu haben."*

Zwar handelt es sich deliktisch nicht um Industriespionage, aber die Studie illustriert, dass moti-vierte Innentäter aus egoistischen, hier aus existenziellen Gründen, dem eigenen Arbeitgeber

---

[26] Informationsflyer Sicherheitslücke Mensch – Der Innentäter als größte Bedrohung für die Unter-nehmen;   Quelle:   http://www.verfassungsschutz.de/de/oeffentlichkeitsarbeit/publikationen/pb-geheim-sabotage-und-wirtschaftsschutz.

[27] *Köhler*, S. 196.

[28] BT-Drs. 18/2281 zu Frage 16.

[29] BT-Drs. 18/2281 a.a.O.

[30] *Raupach* et al., a.a.O., S. 13.

schaden. Das Beispiel wiegt umso schwerer, da es sich bei der untersuchten Gruppe um Akademiker in universitären, forschenden Einrichtungen handelt.

*Ann* erklärt das steigende Gefährdungspotential durch Innentäter mit folgenden Faktoren:

1. Es ist für Unternehmen schwer, für dauerhafte Awareness bei den Mitarbeitern zu sorgen.
2. Die moderne, mobile Arbeitswelt ist von der Volatilität der Beschäftigungsverhältnisse geprägt.
3. Moderne Kommunikationsformen erleichtern in sozialen Netzwerken den Informationsabfluss.[31]

Zukünftig werden die Bedingungen der modernen Arbeitswelt zusätzliche Herausforderungen bedingen: Laut einer Studie der Personalberatung Hays[32] stiegt z. B. der Anteil der an externe Büros ausgelagerten Ingenieurleistungen bei deutschen Unternehmen von 34 % auf 58 %. Unter der Überschrift *„Der Einsatz externer Ingenieure ist steigend"* stellt die Studie fest: *„Eine deutliche Zunahme im Vergleich zur Befragung 2010 zeigt sich bei dem Einsatz von freiberuflichen Ingenieuren mit Werkvertrag, sowie bei Ingenieuren, die im Rahmen der Arbeitnehmerüberlassung tätig sind (jeweils + 14 %)."* Durch den Tausch interner Leistungen gegen externe Dienstleistungen wird der Anteil der Innentäter i.w.S. zu Lasten der Innentäter i.e.S. ansteigen.

Es wird daher zunehmend darauf ankommen, diese Entwicklungen auf dem Arbeitsmarkt im Rahmen der unternehmerischen Gefährdungsbeurteilung fortzuschreiben (vgl. Abschn. 6.2) und in den Präventionsansätzen alle Beschäftigungs- und Vertragsverhältnisse zu berücksichtigen (vgl. Abschn. 6.3 und 6.4).

## 2.3.4 Motivationslage der Innentäter

Gesicherte empirische Daten über die Motivationslage verurteilter Wirtschaftsspione liegen nicht vor. Anzunehmen ist, dass neben dem ideologisch motivierten Täter, egoistische Vorteilsnahme das überwiegende Motiv ist.

Die ideologische Überzeugung von Innentätern wird nur in seltenen Fällen eine entscheidende Rolle spielen (z. B. bei durch staatliche Stellen eingeschleuste Praktikanten oder Agenten unter sog. Legende). Das BfV weist auf die besondere Rolle der in „Deutschland lebenden ca. 94.000 Chinesen, darunter etwa 24.000 Wissenschaftler, Studenten und Praktikanten" für die chinesischen Nachrichtendienste hin. „Die chinesi-

---

[31] *Ann*, S. 15.

[32] Der Einsatz externer Ingenieure im Unternehmen, Eine Studie von Hays Oktober 2014, http://www.hays.de/mediastore/pressebereich/Studien/pdf/hays-studie-einsatz-externer-ingenieure-2014.pdf?nid=0681be27-2cf5-4920-9814-9954b863ad0a

schen Nachrichtendienste kennen das Wissenspotenzial dieses Personenkreises. Sie verschaffen sich einen Überblick über deren Arbeitsbereiche und individuellen Möglichkeiten, über Zugänge und Kontakte und versuchen, Einzelne für eine Zusammenarbeit zu gewinnen. Diese als Non-Professionals bezeichneten Personen bieten für die Dienste bei Bekanntwerden von Ausspähungen den Vorteil, dass nicht klar ist, ob die Personen eigeninitiativ, auf Veranlassung einer chinesischen Konkurrenzfirma oder im staatlichen Auftrag gehandelt haben."[33] Empirische Aussagen zur Motivationslage[34] eines ideologisierten Spions finden sich in der kriminologischen Literatur bisher nur wenig.[35]

Die Motivationslage von Innentätern beschreibt Verizon wie folgt: *„Most crimes by trusted parties are perpetrated for financial or personal gain. The most noticeable shifts in the 2013 dataset, however, were an increase in insider espionage targeting internal data and trade secrets, and a broader range of tactics."*[36]

Diese nimmt i.Ü. bei den wenigen Untersuchungen zur Motivationslage von Spionen und Informanten einen überdurchschnittlichen Anteil ein. *Müller-Engbers* dokumentiert die Motivlage (in Prozent) für die inoffizielle Arbeit von Bundesbürgern für die HV A (d. h. Hauptabteilung Aufklärung des Ministeriums für Staatssicherheit und der Auslandsgeheimdienst der DDR) wie in Tab. 2.1.[37]

Je nach zitierter Untersuchung in der Tab. 2.1, beträgt der Anteil der wirtschaftlich motivierten Täter 25–34 %.

**Tab. 2.1** Motivationslage IM der Stasi nach Müller-Engbers

| Motiv | Schlomann (1960) [%] | Gerken (1965) [%] | Müller-Engbergs (1998) [%] |
|---|---|---|---|
| ideell | 14 | 3 | 60 |
| materiell | 34 | 25 | 27 |
| Druck | 43 | 70 | 1 |
| Freundschaft | – | – | 7 |
| fremde Flagge | – | 2 | 4 |
| Abenteuerlust | 7 | – | – |

---

[33] Jahresbericht 2013 des BfV (S. 327).

[34] Zu den Gründen warum die problematisch ist *Müller-Engbers*, S. 8 f.

[35] *Houben* analysiert in *„Agentinnen aus Liebe – psychologische Betrachtung der Romeomethode"* 18 Fälle weiblicher Spione und wertet die Motivationslage aus. In *Litzcke*, Nachrichtendienstpsychologie (2003), Band 1; ebenso *Müller-Engbers*, der in seiner Ausarbeitung zu den Motiven hauptamtlicher Mitarbeiter des MfS wesentliche Aussagen zusammentragen kann.

[36] Verizon, S. 23

[37] In Anlehnung an *Müller-Engbers*, S. 34.

### 2.3.5 Innentäter – korrupte Wirtschaftskriminelle?

Wirtschaftsspionage kann als korruptes Handeln zum Vorteil eines fremden Staates[38] verstanden werden. Eine Legaldefinition der Korruption gibt es nicht. Im Allgemeinen wird hierunter ein Tauschgeschäft verstanden, bei dem der Korruptionsnehmer einem Korruptionsgeber aus egoistischen Motiven und zum Nachteil eines Dritten einen Wert überlässt, an den er aufgrund seiner besonderen Position/Funktion gelangen konnte.[39] Im Kern handelt es sich bei der Weitergabe von unternehmenswichtigen Informationen durch einen motivierten Innentäter an einen fremden Staat um eben eine solche Handlung.

Wenn darüber hinaus für den Täter die Grenzen zwischen staatlich gelenkter Wirtschaftsspionage durch evident staatliche Akteure (Nachrichtendienste etc.) oder verbundene Industrieunternehmen verschwimmen (vgl. Abschn. 2.2), kann es durchaus sein, dass der Innentäter davon ausgeht, dass er sich von einem Mitbewerber korrumpieren lässt, wenngleich hinter diesem ein staatlicher Akteur steht. Auch diese Grundüberlegung indiziert die Anwendbarkeit allgemeiner Kriminalitätstheorien auf Fälle der Wirtschaftsspionage. Die Übertragung von Erkenntnissen und Erklärungsansätzen zum korrupten Verhalten im Allgemeinen auf Wirtschaftsspione, ist somit nicht zu beanstanden und ebenfalls Gegenstand der weiteren Überlegungen.

Die Frage nach der Motivation ist wesentlich, um eine Einstufung vornehmen zu können, ob es sich bei der Wirtschaftsspionage um Wirtschaftskriminalität handelt. Geht es dem Innentäter bei seinem Handeln darum, einen individuellen Vorteil zu erlangen, z. B. in finanzieller oder immaterieller Form (Anerkennung, Statussymbole oder auch Karriereaussichten in fremden Staatskonzernen oder Unternehmen), kann von occupational deviance ausgegangen werden und die allgemeinen Annahmen zur Wirtschaftskriminalität treffen zu. Dieser Aspekt ist Gegenstand der nachfolgenden phänomenologischen Betrachtung.

## 2.4 Phänomenologische Einschätzung der Wirtschaftsspionage

### 2.4.1 Phänomenologische Erkenntnisse zur Spionage

Kriminologische Expertise, die sich ausschließlich dem Phänomen der Spionage zuwendet, findet man kaum.

---

[38] So auch *Nöller*, der in der von ihm so genannten Fallgruppe 2 die Weitergabe nachrichtendienstlicher Informationen eines Geheimdienstlers an einen Dienst eines anderen Staates als Korruption bezeichnet. (S. 32).

[39] vgl. *Litzcke, Maffenbeier, Linssen, Schilling* et al., S. 30 ff.; ebenso *Bannenberg* S. 12 f.

**Hintergrund**

**Spionage[40]**

Seit jeher strebten Machthaber aller Staatsformen danach, das Überleben des eigenen Staatsvolks zu sichern, indem sie Informationen über konkurrierende Mächte, interne Feinde und Einnahmequellen zur Sicherung der eigenen Herrschaft sammelten. Historisch dokumentiert sind Fälle aus dem alten Ägypten, aus Persien und Babylonien bereits 1500 Jahre v.Chr.

Ebenso lange nutzen Machthaber ihre Geheim- und Nachrichtendienste, um durch gezielte Aufklärung und Auswertung, im Englischen wohl am besten mit Intelligence übersetzt, Informationen zu erhalten, die zum Vorteil der eigenen Volkswirtschaft oder gar der persönlichen finanziellen Verhältnisse genutzt werden. Hierzu zählen v. a. Informationen über lohnenswerte Investitionen, Geschäftsgeheimnisse oder Produktinnovationen.

Die heute wieder deutlich wahrnehmbare Konfrontation und Demonstration von Stärke im militärischen Bereich, hat die Rüstungsindustrie zum attraktivsten Spähobjekt für Geheimdienste aller Staaten gemacht. In Zeiten vernetzter Welten kommt der Kommunikationswirtschaft und der Finanzwirtschaft eine gesteigerte Bedeutung zu, da Staaten nicht vordringlich militärisch, sondern häufiger an Märkten kompetieren.

*Middendorff* stellte bereits früh fest, dass die Schilderung von Spionagefällen überwiegend populär erfolgt, eine wissenschaftliche Auseinandersetzung mit den Ursachen und Motiven nicht stattfand und bis heute nicht stattfindet.[41] Die von ihm vorgenommene Kategorisierung in *„den unauffälligen Spion, den exhibitionistischen Spion, den internationalen Spion, die unerwünschte Heroin und den Kurier"* sowie den haupt- und nebenamtlichen Spion vermag bei der Betrachtung der Wirtschaftsspionage wenig helfen, da diese eher militärischer Ausprägung sind.[42]

Fraglich ist, ob sich Wirtschaftsspionage, phänomenologisch ausschließlich ideologisch betrachten lässt. Letztendlich vollzieht sich die Spionage unter multiplen Bedingungen, die bei der Betrachtung der individuellen Ursachen eine Rolle spielen.[43]

### 2.4.2  Wirtschaftsspionage als Form der Wirtschaftskriminalität

Zu diskutieren ist, ob bei der phänomenologischen Betrachtung der Wirtschaftsspionage grundsätzlich die gleichen Theorien und Grundannahmen anzuwenden sind, die für die Wirtschaftskriminalität gelten.

Bislang fehlt es an einer einheitlichen Legaldefinition der Wirtschaftskriminalität. Vereinfacht kann hierunter die *„Summe der Straftaten, die in Unternehmen, an Unternehmen und durch Unternehmen begangen werden"*[44] verstanden werden.

---

[40] umfassend *Krieger*, a.a.O.

[41] *Middendorff*, S. 152 ff.

[42] *Middendorff*, S. 153.

[43] so auch bereits früh *Middendorff*, der darauf hinweist, dass *„ein Spion selten nur ein Motiv hat, sondern von mehreren Beweggründen angetrieben wird"* (a.a.O., S. 153).

[44] BT-Drs. 17/13087.

Schwindt definiert Wirtschaftskriminalität, als die Gesamtheit der Straftaten, die bei wirtschaftlicher Betätigung, unter Missbrauch des im Wirtschaftslebens nötigen Vertrauens begangen werden und über eine individuelle Schädigung hinaus Belange der Allgemeinheit berühren.[45] „*Zu den unerläßlichen Kriterien der Wirtschaftskriminalität gehören danach*

* *erstens, daß ein wirtschaftlicher Bezug des mit Strafe bedrohten Verhaltens besteht,*
* *zweitens, daß dieses Verhalten in Ausübung des Berufes erfolgt und*
* *drittens (allerdings umstritten), daß Vertrauen mißbraucht wird.*

*Charakteristisch sind ferner: die Kollektivität und Anonymität des Opfers sowie die geringe Sichtbarkeit des Rechtsbrechers*".[46]

Der unrechtmäßige Entzug fremden Unternehmenswissens und dessen Weitergabe an konkurrierende Staaten und Unternehmen durch Innentäter, lässt sich hierunter subsumieren. *Schwindt* beschreibt, dass die Wirtschaftsspionage „*in die bunte Palette von Straftaten*" der Wirtschaftskriminalität gehört.[47]

*Schuchter* subsumiert die Wirtschaftsspionage ebenfalls unter Wirtschaftskriminalität und zeichnet das in Abb. 2.1 dargestellte „*Atomium der Wirtschaftskriminalität*"[48]:

Entscheidend ist, dass bei dieser Form der Kriminalität nicht primär Einzelpersonen, sondern „*die Wirtschaft und deren Funktionieren insgesamt*"[49] geschädigt wird. Dabei kommt es nicht darauf an, ob sich die Tat gegen das eigene oder ein fremdes Unternehmen richtet.

Bei der kriminologischen Betrachtung von Wirtschaftskriminalität werden regelmäßig zwei Perspektiven betrachtet: (a) die sog. *Corporate deviance, „also abweichendes Verhalten, das aus einem Unternehmen oder Verband heraus begangen wird und diese begünstigen soll.*"[50] bzw. (b) *Occupational deviance*, d. h. abweichendes Verhalten von „*Individuen zu ihrem persönlichen Vorteil im beruflichen Umfeld*".[51] Letztere umfasst sowohl sog. „*Managerkriminalität*", als auch „*Betriebskriminalität*", *die von Angestellten häufig zum Nachteil ihres Arbeitgebers begangen wird.*[52]

---

[45] *Schwindt*, § 21, Rdnr. 17.

[46] *Schwindt*, § 21, a.a.O.

[47] *Schwindt*, § 21, a.a.O.; auch *Ziercke* in *Bisanz/Gerstenberg* (Hrsg.), Raubritter gegen den Mittelstand, S. 9.

[48] *Schuchter*, S. 43.

[49] *Bock*, Rdnr. 968.

[50] *Singelstein*, S. 53.

[51] *Singelstein* a.a.O.

[52] *Schneider*, a.a.O.

**Abb. 2.1** Atomium der Wirtschaftskriminalität

### 2.4.3　Empirische Erkenntnisse

Für statistische Grundaussagen über Tatbegehungsweisen und Täterprofile liegen Datenquellen vor, die tendenzielle Übereinstimmungen aber auch gravierende Unterschiede verdeutlichen. Besonders hervorzuheben ist, dass v. a. statistische Angaben zur Wirtschaftsspionage überwiegend fehlen.

　　Die Bundesregierung stellt hierzu fest: *„Das Dunkelfeld im Bereich der Wirtschaftsspionage ist somit sehr groß. Belastbare statistische Fallzahlen durch Wirtschaftsspionage und Konkurrenzausspähung liegen der Bundesregierung vor diesem Hintergrund nicht vor. Im Rahmen des Forschungsprogramms „Forschung für die Zivile Sicherheit II"*

**Tab. 2.2** Tätergruppen nach BITKOM

| | |
|---|---|
| 52 % | Innentäter i.e.S. |
| 39 % | Innentäter i.w.S.[a] |
| 17 % | Hobby-Hacker |
| 11 % | Organisierter Bandenkriminalität |
| 3 % | ausländische Geheimdienste |
| 18 % | Täterkreis unbekannt |

[a]Die Studie spricht davon, dass diese Gruppe „*das unternehmerische Umfeld, das aus Wettbewerbern, Lieferanten, Dienstleistern und sogar Kunden besteht*" umfasst., a.a.O.

*sollen daher insbesondere auch Forschungsprojekte zur Aufhellung des Dunkelfeldes in diesem Bereich gefördert werden.*"[53]

Das Bundesamt für Verfassungsschutz vermutet, – ohne Angabe der Quelle – dass in 30 % aller Fälle von Know-how-Abfluss Innentäter am Werk sind.[54]

KPMG geht bei den identifizierten Fällen in mehr als zwei Dritteln (81 %) von einem Innentäter i.e.S. aus. Dabei handele es sich selten um Mitarbeiter aus dem Top Management (4 %), in einigen Fällen (27 %) um Mitarbeiter des Managements und in jedem zweiten Fall (50 %) um „normale" Mitarbeiter.[55]

Ernst & Young vermutet in der Untersuchung „*Datenklau*" davon aus, dass ehemalige und gegenwärtige Mitarbeiter mit einem Anteil von 45 % an den Tatbeteiligungen ebenso häufig vorkommen, wie ausländische Unternehmen.[56]

*Corporate Trust* identifiziert bei rund jedem fünften Mitarbeiter (22,8 %) deviantes Potential, unterscheidet jedoch nicht zwischen aktiven und ehemaligen Mitarbeitern. Als Innentäter i.w.S. („*Dienstleister/Berater*") werden 18,3 % der Täter eingestuft.[57]

Auch die *BITKOM* Studie beschreibt, dass der „*mit Abstand wichtigste Täterkreis [. . .] aktuelle oder ehemalige Mitarbeiter*"[58] sind. Die Studie kommt zu der in Tab. 2.2 dargestellten Graduierung.

Über alle Untersuchungen scheint die Schlussfolgerung angemessen, dass grosso modo in jedem zweiten Fall vorsätzlichen Handelns, ein Innentäter eine entscheidende Rolle spielt. Wie hoch der Anteil derer ist, die fahrlässig, die Straftaten tatsächlich externer Täter unterstützen, ist bisher in keiner Studie betrachtet worden.

---

[53] BT-Drs. 18/159.

[54] Informationsflyer Sicherheitslücke Mensch – Der Innentäter als größte Bedrohung für die Unternehmen; Quelle: http://www.verfassungsschutz.de/de/oeffentlichkeitsarbeit/publikationen/pb-geheim-sabotage-und-wirtschaftsschutz.

[55] KPMG, Wirtschaftskriminalität 2014, Abb. 5.3 – Verrat von Geschäfts- und Betriebsgeheimnissen-, S. 30.

[56] Ernst und Young, S. 21 (eigene Mitarbeiter 21 %/ehemalige Mitarbeiter 24 %).

[57] Corporate Trust, S. 31.

[58] BITKOM, Prof. Dr. Prof. Dieter Kempf, BITKOM Präsident, Vortrag bei der Pressekonferenz zu digitaler Wirtschaftsspionage, Sabotage und Datendiebstahl in Unternehmen vom 16.04.2015, S. 4.

Aussagen zur Motivationslage der Täter werden überwiegend nicht gemacht. Lediglich die von KPMG befragten Unternehmen sehen im *„fehlenden Unrechtsbewusstsein bei den handelnden Personen"* die *„maßgeblichen Gründe für wirtschaftskriminelles Handeln"*.

Da die Wirtschaftsspionage i.d.R. Wirtschaftsstraftaten betrifft und zu erwarten ist, dass es sich bei den Tätern kaum um ideologische Akteure, sondern um überwiegend „klassische" Wirtschaftsstraftäter handelt (vgl. Abschn. 2.4 ff.), können die hierzu vorliegenden Daten einbezogen werden.

Der „Idealtypus" eines Wirtschaftskriminellen beschreibt *Schwindt* wie folgt: er ist überwiegend männlich, um die 40 Jahre alt, sog. *„latecomer to crime"*, meist verheiratet, mit guter Ausbildung und Qualifikation, aus bürgerlicher Mittel- und Oberschicht kommend, zielstrebig bis skrupellos im Geschäftsleben, 10 Jahre im Unternehmen (davon 7 Jahre ohne Änderung der Position), selten vorbestraft und zum Tatzeitpunkt oftmals überschuldet.[59]

### 2.4.3.1 Kriminalstatistische Hellfelddaten

**Hintergrund**
Was bedeutet eigentlich ... **Hellfeld**?
Tatsächlich registrierter und objektivierbarer Anteil der Kriminalität
Was bedeutet eigentlich ... **Dunkelfeld**?
Nicht registrierter und überwiegend vermuteter Anteil der Kriminalität

Eine eindeutige Zuordnung von Wirtschaftsspionagefällen zu den nach § 99 StGB (vgl. Abschn. 4.3) registrierten Straftaten ist nicht möglich. Dies geht sowohl aus der Antwort der Bundesregierung auf eine Interpellation im Deutschen Bundestag[60] hervor, als auch durch eigene Recherchen.[61]

Gegen die zentrale Schutzvorschrift zum Schutz vor Wirtschaftsausspähung, d. h. v. a. gegen die Konkurrenzausspähung nach § 17 UWG (vgl. Abschn. 4.2), registrierte die polizeiliche Kriminalstatistik folgende Fallzahlen[62] :

|      | § 17 (1) UWG | § 17 (2) UWG | Schaden        |
| ---- | ------------ | ------------ | -------------- |
| 1994 | 103          | 41           |                |
| 1995 | 98           | 116          |                |
| 1996 | 86           | 99           |                |
| 1997 | 97           | 103          | 4.368.867,- DM |
| 1998 | 101          | 157          | 1.412.349,- DM |

*(Fortsetzung)*

---

[59] *Schwindt*, § 21, Rdnr. 21.

[60] BT-Drucksache 18/215, Antwort zu Frage 10.

[61] Antwort der Bundesanwaltschaft per Mail auf meine Anfrage; diese deckt sich i.Ü. mit der Antwort der Bundesregierung zu Frage 2 (BT-Drs. 18/2218).

[62] Polizeiliche Kriminalstatistik (PKS); Daten UWG, Quelle: BKA.

| | § 17 (1) UWG | § 17 (2) UWG | Schaden |
|---|---|---|---|
| 1999 | 107 | 181 | |
| 2000 | 132 | 116 | |
| 2001 | 106 | 155 | |
| 2002 | 137 | 132 | |
| 2003 | 157 | 118 | |
| 2004 | 140 | 127 | |
| 2005 | 183 | 154 | |
| 2006 | 176 | 117 | |
| 2007 | 189 | 136 | |
| 2008 | 243 | 165 | |
| 2009 | 278 | 270 | |
| 2010 | 299 | 347 | |
| 2011 | 266 | 234 | |
| 2012 | 273 | 252 | |
| 2013 | 284 | 141 | |
| 2014 | 264 | 133 | |

Über den Ausgang der eingeleiteten Strafverfahren gibt die **Strafverfolgungsstatistik**[63] Auskunft. Hiernach stellen sich die Zeitreihen der letzten Jahre wie folgt dar:

| Jahr | Abgeurteilte | Verurteilte | | zu Freiheitsstrafe oder Arrest | | zu Geldstrafe | |
|---|---|---|---|---|---|---|---|
| | | absolut | % von Abgeurteilte | absolut | % von Verurteilte | absolut | % von Verurteilte |
| 2009 | 165 | 90 | 55 % | 32 | 36 % | 7 | 8 % |
| 2010 | 129 | 69 | 53 % | 50 | 72 % | 4 | 6 % |
| 2011 | 174 | 80 | 46 % | 21 | 26 % | 59 | 74 % |
| 2012 | 154 | 78 | 51 % | 6 | 8 % | 72 | 92 % |
| 2013 | 144 | 71 | 49 % | 7 | 10 % | 63 | 89 % |

Bezogen auf die Eingangsstatistik der durch BKA[64] erfassten angezeigten Straftaten sieht das Verhältnis folgendermaßen aus:

---

[63] Quelle: Statistisches Bundesamt; Download: https://www.destatis.de/DE/ZahlenFakten/ GesellschaftStaat/Rechtspflege/Strafverfolgung/Strafverfolgung.html;jsessionid=BF3C2D0A2501 B4FCEEC7BB3F61740CC7.cae2. Straftaten nach UWG.

[64] Quelle: Statistisches Bundesamt, a.a.O.

| Jahr | PKS | Abgeurteilte | | Verurteilte | |
|------|-----|--------------|--|-------------|--|
|      |     | absolut | in % von PKS | absolut | % von PKS |
| 2009 | 548 | 165 | 30 % | 90 | *16 %* |
| 2010 | 646 | 129 | 20 % | 69 | *11 %* |
| 2011 | 500 | 174 | 35 % | 80 | *16 %* |
| 2012 | 525 | 154 | 29 % | 78 | *15 %* |
| 2013 | 425 | 144 | *34 %* | 71 | *17 %* |

Der Anteil der **männlichen Abgeurteilten** lag im Durchschnitt bei ca. **80 %**. Die altersmäßige **Verteilung** stellt sich wie folgt dar[65]:

**E r w a c h s e n e**

| Jahr | im Alter von . . . bis unter . . . Jahren | | | | | | |
|------|-------|-------|-------|-------|-------|-------|-------------|
|      | 21–25 | 25–30 | 30–40 | 40–50 | 50–60 | 60–70 | 70 und mehr |
| 2009 | 4  | 13 | 19 | **23** | **21** | 10 | – |
| 2010 | **52** | 8 | – | – | – | – | – |
| 2011 | 2  | 9  | **33** | 19 | 13 | 4 | – |
| 2012 | 2  | 5  | 18 | **27** | 16 | 10 | – |
| 2013 | 2  | 8  | **19** | **18** | 17 | 4 | 3 |

Insgesamt spielen sowohl die Wirtschaftsspionage, als auch die **Wirtschaftsausspähung keine entscheidende kriminalstatistische Rolle.** Die Gründe können darin liegen, dass beide Phänomene deutlich weniger vorkommen, als durch die Berichterstattung vermutet bzw. die Geschädigten in den überwiegenden Fällen keine Strafverfolgung anstreben.

Die SPD-Fraktion fordert in ihrem Antrag „Wirtschaftskriminalität effektiv bekämpfen", dass zur *„Aufdeckung und Reduzierung der Dunkelziffer von Fällen der Wirtschaftsspionage oder Konkurrenzausspähung [. . .] die Einführung einer Meldepflicht für Unternehmen, die Opfer von Wirtschaftsspionage oder ausländischer Konkurrenzausspähung geworden sind oder über entsprechende konkrete Verdachtsmomente verfügen, dienen "*[66] könnte.

Ob eine derartige Verpflichtung zur **Selbstanzeige** tatsächlich hilfreich ist, muss diskutiert werden.

Eine Folge wäre, dass die betroffenen Unternehmen sich unter Umständen **exponieren** und ggf. eigene **Versäumnisse** bei den Sicherheitsvorkehrungen einräumen müssten. Die bereits heute schon präsente Angst, sich einer öffentlichen Diskussion über firmeninterne Sicherheitsvorkehrungen auszusetzen, würde noch weiter gesteigert werden. Diese Angst ist den Unternehmen auch mit Blick auf die erwarteten Reputationsschäden omnipräsent.

---

[65] Quelle: Statistisches Bundesamt, a.a.O.

[66] BT Drs. 17/13078, S. 8.

Andererseits könnte eine Anzeige durchaus **präventive Wirkung** in den Unternehmen entwickeln. Wie später noch darzustellen sein wird, ist die sog. Routine Aktivitäts Theorie (vgl. Abschn. 5.7) eine wesentliche Erklärung für Innentäterhandeln. Dieser Theorie liegt u.a. die Überlegung zugrunde, dass Taten auch durch **mangelnde Kontrolle** begünstigt werden. Mangelnde **Anzeigebereitschaft** ist evidenter Ausdruck eines fehlenden Kontrollimpulses der Unternehmen. Täter, die damit rechnen müssen, für ihr Handeln nicht zu Verantwortung gezogen zu werden, fühlen sich eher zu Straftaten motiviert, als Täter, die mit Konsequenzen rechnen müssten.

Daten zum **Anzeigeverhalten von Unternehmen** im Zusammenhang mit Computer-delikten liefert eine Erhebung der IHK Nord aus dem Jahr 2012.[67] Auch wenn diese nicht unmittelbar nach Tatbeständen fragt, die einen Zusammenhang zu Wirtschaftsspionage oder -ausspähung aufweisen, sind die Aussagen interessant und meines Erachtens durchaus übertragbar.

Die Studie kommt zu dem Ergebnis, dass nur **5,9 % der befragten Unternehmen Strafanzeige erstattet** hatten. Ca. 60 % der Unternehmen gaben an, hierauf bewusst verzichtet zu haben. *Die Mehrheit der Befragten befand den Aufwand für eine Anzeige als zu groß (54,4 %), 30,1 % zweifelten vorab am Erfolg der Ermittlungen und 22,1 % wussten nicht, an wen sie sich wenden sollten.*[68]

Vergleichbare Erhebungen liegen für das Phänomen der Wirtschaftsausspähung und -spionage nicht vor. Wahrscheinlich kommen zu den o. a. Aspekten noch weitere Gründe hinzu, die das Anzeigeverhalten beeinflussen. Hierzu zählt sicherlich auch die Angst vor Reputationsverlust (vgl. Abschn. 2.4.3.3.)

### 2.4.3.2 Subjektive Kriminalitätseinschätzung – Kriminalitätsfurchtparadox der Wirtschaft?

Bei der Betrachtung des Hellfeldes spielt die Frage der **subjektiven Sicherheit** der Unternehmen eine entscheidende Rolle. Hierunter versteht man die Risikoeinschätzung der Unternehmen, Opfer eines Wirtschaftsdelikts zu werden. Demgegenüber steht die **objektive Sicherheit**, also der Anteil der tatsächlich registrierten sog. Hellfeldkrimi-nalität.

---

[67] IHK Nord, Unternehmensbefragung zur Betroffenheit der norddeutschen Wirtschaft von Cyber-crime, Ziff. 3.

[68] IHK Nord, a.a.O.

KPMG stellt in der Studie e-Crime[69] dar, dass 77 % der befragten Unternehmen das Risiko durch den **Diebstahl von Geschäfts- und Betriebsgeheimnissen** geschädigt zu werden, als hoch/sehr hoch einschätzen. Objektiv betroffen waren hingegen nur 14 % der befragten Unternehmen.[70]

Anders sieht dies z. B. im Bereich der **Produkt- und Markenpiraterie** aus: Hier geben in der Befragung von Ernst & Young 96 % der befragten Unternehmen an, tatsächlich von Plagiaten und Nachahmungen betroffen gewesen zu sein. 88 % der befragten Unternehmen gehen davon aus, dass das Risiko von diesem Delikt betroffen zu sein, weiterhin konstant hoch oder ansteigend ist.[71] Objektive und subjektive Sicherheit sind weitestgehend kongruent.

Das Auseinanderklaffen zwischen objektiver und subjektiver Sicherheit bezeichnet man als **Kriminalitätsfurchtparadox**. Es wäre lohnenswert zu erforschen, ob es ein deliktspezifisches Kriminalitätsfurchtparadox der Wirtschaft gibt. Dies würde helfen, die aktuell, mitunter stark subjektive Diskussion zu objektivieren und hierdurch die richtigen Schlussfolgerungen für die Normengenese abzuleiten. Wenn dies nicht geschieht, drohen eventuell unverhältnismäßige Gesetze und Regelungen, die die Unternehmen am Ende des Tages weniger schützen, sondern eher überfordern können.

> ▶ **Incident Reporting Systeme (IRS)[72] können den Unternehmen helfen, die tatsächliche Betroffenheit valide zu ermitteln.**

### 2.4.3.3 Beurteilung des wirtschaftlichen Schadenspotentials

In der Berichterstattung über das anzunehmende wirtschaftliche Schadenspotential der Wirtschaftsspionage und Wirtschaftsausspähung kursieren unterschiedlichste Zahlen, die erheblich voneinander abweichen. Während die Bundesregierung von einem wirtschaftlichen Gefährdungspotential von **50 Mrd. Euro** p.a. ausgeht, schätzt z. B. der VDI mit **100 Mrd. Euro** p.a. das Ausmaß doppelt so hoch ein.

KPMG beziffert den tatsächlichen Schaden pro bekannt gewordenem Fall der Verletzung von Geschäfts- und Betriebsgeheimnissen mit 609.000 Euro und den zusätzlichen Ermittlungsaufwand im Schnitt mit 48.000 Euro.[73] Multipliziert man diese Ansätze mit

---

[69] KPMG, e-Crime, Computerkriminalität in der deutschen Wirtschaft 2015, Berlin (2015).

[70] In der Studie Wirtschaftskriminalität in Deutschland 2014 (ebenfalls KPMG (2015)) schätzen 63 % der befragten Unternehmen das Risiko vom Verrat von Geschäfts- und Betriebsgeheimnissen betroffen zu sein als hoch ein, wohingegen nur 19 % der befragten Unternehmen auch eine tatsächliche Betroffenheit vermerkten.

[71] Ernst & Young, Intellectual Property Protection, S. 21, Ziff. 3.1.

[72] IRS sind Ausgangspunkt des Ereignismanagements. Mit diesen Systemen werde sicherheitsrelevante Ereignisse registriert und nach einem festen Schema reportet. Sie sind Ausgangspunkt eines prozessorientierten Ereignismanagements.

[73] KPMG, e-Crime, S. 16, Abb. 4.2.

den bekannten Hellfelddaten (vgl. Abschn. 2.4.3.1) käme eine Schadenssumme von rund 240 Millionen Euro, als ca. einer **viertel Milliarde Euro** p.a. zusammen.[74]

Corporate Trust geht von einem negativen Ergebnis für die deutsche Volkswirtschaft in Höhe von **11,8 Mrd. Euro**[75] p.a. aus. Ebenso interessant ist die Feststellung von *Corporate Trust* nach der rund ein Viertel der befragten Unternehmen (22,5 %) keinen Schaden feststellen konnten.[76]

Die im April 2015 vorgestellte BITKOM Studie geht von einem deliktübergreifenden Schadenspotential in Höhe von **mehr als 50 Mrd. Euro** aus und ermittelt: *„Den Schaden als Folge digitaler Wirtschaftsspionage, Sabotage und Datendiebstahl in Unternehmen beziffern wir auf rund 51 Milliarden Euro pro Jahr. Fast ein Viertel dieser Summe machen Umsatzeinbußen durch Plagiate aus. Es folgen Patentrechtsverletzungen."*[77] Bei der Berechnung dieser Summe hätten die Statistiker deliktspezifische Schäden extrapoliert und die Mittelwertabweichungen bereinigt. BITKOM räumt jedoch ein, dass man sich mit dieser Methode der Wirklichkeit nur annähern könne, *„aber eine solide statistische Grundlage"*[78] schaffen würde. *„Damit vermittelt die Zahl eine realistische Größenordnung der verursachten Schäden."*[79]

Die BITKOM Studie zeigt zudem, wie sich die Schäden in 2 Jahren zusammensetzen:

| | |
|---|---|
| Umsatzeinbußen durch nachgemachte Produkte (Plagiate) | 23,0 Mrd. Euro |
| Patenrechtverletzungen (auch vor der Anmeldung) | 18,8 Mrd. Euro |
| Umsatzelnbußen durch Verlust von Wettbewerbsvorteilen | 14,4 Mrd. Euro |
| Ausfall, Diebstahl oder Sachbeschädigung von IT Systemen, Produktions- oder Betriebsabläufen | 13,0 Mrd. Euro |
| Imageschaden bei Kunden oder Lieferanten/Negative Medienberichterstattung | 12,8 Mrd. Euro |
| Kosten für Rechtsstreitigkeiten | 11,8 Mrd. Euro |
| Datenschutzrechtliche Maßnahmen (z. B. Information für Kunden) | 3,9 Mrd. Euro |
| Erpressung mit gestohlenen Daten | 2,9 Mrd. Euro |
| höhere Mitarbeiterfluktuation/Abwerben von Mitarbeitern | 1,7 Mrd. Euro |
| sonstige Schäden | 0,2 Mrd. Euro |
| **Gesamtschaden innerhalb der letzten 2 Jahre** | **102,4 Mrd. Euro** |

Untersuchungen in anderen Staaten und internationale Bewertungen schätzen den Schaden so ein: *„A US Department of Commerce report found that IP theft (all kinds,*

---

[74] bei abgerundeten 400 Fällen nach § 17 (1) und (2) UWG.

[75] Corporate Trust, S. 23.

[76] Corporate Trust, Grafik 12 auf S. 23.

[77] BITKOM, Prof. Dr. Prof. Dieter Kempf, BITKOM Präsident , Vortrag bei der Pressekonferenz zu digitaler Wirtschaftsspionage, Sabotage und Datendiebstahl in Unternehmen vom 16.04.2015, S. 3.

[78] BITKOM, a.a.O., S. 4.

[79] BITKOM, a.a.O., S. 4.

*not just cybercrime) costs US companies $200 to $250 billion annually. The Organization for Economic Development (OECD) estimated that counterfeiting and piracy costs companies as much as $638 billion per year.*"[80]

Das World Economic Forum (**WEF**) attestiert dem Phänomen „*Data fraud or theft*" im Global Risk Report 2015 unter allen technischen Risiken die **höchste Eintrittswahrscheinlichkeit** und sieht es in der Liste sämtlicher globaler Risiken in dieser Kategorie auf Platz 9.[81] Ein bilanzierbares Schadenspotential beziffert der Report nicht, wenngleich er auf ein Schadenpotential allein für die USA in Höhe von **100 Mrd. US Dollar** verweist.[82]

Noch schwieriger ist der nicht objektivierbare, also vornehmlich **immaterielle bzw. nicht bilanzierbare Schaden** zu beziffern. So gaben im Lüneburger Gutachten 39 (15,92 %) der befragten Unternehmen an, dass die Schäden nicht innerhalb der vorgegebenen Schwellenwerte, sondern „*nur in anderen Dimensionen ausdrückbar*" wären.[83] Auch anderer Erhebungen zielen auf diese allgemeine Feststellung ab und nennen keine konkreten Größen oder Potentiale.[84]

Die Diskussion über Schäden verlangt es, sich mit dem **Schadenbegriff** auseinanderzusetzen. *Kahle/Merkel* verstehen diesen als „*die bewertete Abweichung vom geplanten Ergebnis, die durch ein Ereignis oder einen Prozess ausgelöst wird.*"[85] Hierdurch werden ausschließlich **bilanzierbare Vermögenswerte zutreffend**. Infolgedessen werden immaterielle Nachteile, also Rufschädigungen, Imageverlust, Reputationseinbußen etc., nur dann als Schaden erfasst, wenn diese zur Folge haben, dass geplante und bilanzierte Geschäftsabschlüsse ausbleiben. Nicht als Schaden zählt allerdings, was bilanziell geplant, dann jedoch ausgeblieben ist. Sollten Unternehmensergebnisse nicht planerisch hinterlegt sein und infolge eines Informationsabflusses ausbleiben, wären sie kein Schaden im Sinne der Definition. In diesem Zusammenhang ist darauf hinzuweisen, dass negative Bilanzeinflüsse durch das potentielle Risiko der Wirtschaftsausspähung und -spionage auch im Rahmen des **unternehmerischen Risikomanagements** nach Bilanzrechtsmodernisierungsgesetz (BilMoG) und dem Gesetz zur Kontrolle und Transparenz im Unternehmensbereich (KontraG) zu betrachten sind.

▶ **Die Berücksichtigung des bilanzierbaren Risikopotentials von Wirtschaftsspionage und -ausspähung betroffen zu sein, muss Teil des kaufmännischen Risikomanagements sein.**

---

[80] Intel Security, S. 12.
[81] WEF, Global Risk 2015, S. 2, Abb. 2.1.
[82] WEF, a.a.O., S. 22 mit Verweis auf The Wall Street Journal.
[83] *Kahle/Merkel*, S. 52 zu Tab. 5.2.
[84] exempl. Ernst & Young, Intellectual Property Protection, S. 19.
[85] *Kahle/Merkel*, S. 5.

Bei der Betrachtung der vorliegenden Daten wird evident, dass diese erheblich voneinander abweichen und nur Tendenzen erkennen lassen. *Kahle/Merkel* begründen dies so:

> *„Diese Bewusstmachung des Problems der Informationsgefährdung ist dabei deshalb besonders bedeutsam, weil aus Gründen des „Gesichtsverlusts", aber auch der inneren Betroffenheit von solchen Informationsverletzungen, die davon Betroffenen nicht darüber reden und damit die Öffentlichkeit oder die relevanten „Mitbetroffenen" – weil zukünftig Gefährdeten – nichts davon erfahren. Ein weiterer „Verdunkelungspunkt" bei der Gefährdungsanalyse ist die erheblich geringere Offensichtlichkeit des Zusammenhangs von Informationsverlust und ökonomischer Wirkung, während sie bei einem Diebstahl oder einer Unterschlagung von materiellen Gegenständen offenkundig ist; das führt zu einer Unterschätzung der Risikowirkungen von Informationsverlusten. Drittens ist der Begriff des Eigentums nicht nur in unserer Kultur sehr stark auf materielle Objekte bezogen – auch wenn wir den Begriff des geistigen Eigentums kennen, der aber extra durch das Adjektiv geformt wird –, so dass eine Verletzung informationeller Beziehungen gar nicht oder eher dilatorisch als Delikt angesehen wird."*[86]

*Corporate Trust* weist in seiner Erhebung darauf hin, dass die Kombination aus Angst vor Öffentlichkeit, zeitlichem Versatz zwischen Tat- und Feststellzeit sowie der Zuordnenbarkeit von Schäden, die wesentlichen Gründe sind, die eine Schadensermittlung behindern.[87]

Wenn man sich die vorliegenden Untersuchungen ansieht, fällt auf, dass diese entweder auf **schlichter Feststellung oder auf Exploration** beruhen. So konnte für die vom VDI angeführte Schadensumme von 100 Mrd. Euro bisher keine belegbare Ableitung gefunden werden.

Das Lüneburger Gutachten von *Kahle/Merkel,* die *Corporate Trust Studie* und die KPMG Studie beruhen auf Befragungen bei Unternehmen und deren Exploration.

Die Lüneburger Studie geht davon aus, dass das Gefährdungspotential für Baden-Württemberg auf der Grundlage der durchgeführten Unternehmensbefragungen im Jahr 2004 bei rund 7 Mrd. Euro lag. Gemessen an der Wirtschaftskraft des Bundeslandes am gesamtdeutschen Ergebnis, wäre das Gefährdungspotential für die deutsche Volkswirtschaft auf 50 Mrd. Euro zu extrapolieren.[88] Insgesamt stellt das Gutachten fest, dass mit dem vorliegenden Ergebnis erstmalig *„ein empirisch abgesicherter Wert für das Gefährdungspotenzial"* in der Bundesrepublik Deutschland vorliegt. Auch diese zu hinterfragen, wäre Aufgabe der angestrebten Dunkelfeldforschung der Bundesregierung.

*Corporate Trust* wendet eine ähnliche Methodik an: Auf der Grundlage der Umsatzklassifizierung der befragten Unternehmen wurden diese kategorisiert und wie folgt hinterlegt: *„Die Schäden wurden jeweils nach prozentualem Anteil der betroffenen Firmen auf die Gesamtgröße hochgerechnet. Bei den Schadenssummen wurde analog zu den Studien von 2007 und 2012 jeweils nur ein Mittelwert angenommen, also z.B.*

---

[86] *Kahle/Merkel*, S. 1.
[87] Corporate Trust, S. 23 ff.
[88] *Kahle/Merkel*, S. 61, Ziff. 4.2.1.2.

*55.000 Euro bei der Kategorie „10.000 bis 100.000 Euro" bzw. 5.500 Euro bei der Kategorie „bis zu 10.000 Euro". Bei der Kategorie „über 1 Million Euro" wurde je Schaden ein Mittelwert von 1,2 Millionen Euro veranschlagt."* Auf der Grundlage diese Methodik wurde das bereits erwähnte Schadenausmaß von 11,6 Mrd. Euro berechnet.[89]

Auffällig ist, dass die o. a. Studien von unterschiedlichen Terminologien ausgehen. Während *Corporate Trust* eindeutig von Schäden spricht, verwendet das Lüneburger Gutachten den Begriff *„Gefährdungspotential"*. Auch die Bundesregierung legt sich bei ihrer Antwort auf die Interpellation im Deutschen Bundestag nicht fest und verweist lediglich auf das Lüneburger Gutachten.[90] Dies scheint vor dem Hintergrund der angewandten Methodik angebracht. In diesem Zusammenhang von tatsächlichen Schäden zu sprechen, ist nicht durchzuhalten.

Nach Sichtung der zitierten Unterlagen muss davon ausgegangen werden, dass eine valide Datengrundlage zur Bezifferung des tatsächlichen Schadensausmaßes bislang fehlt. Die in der breiten Öffentlichkeit kommunizierten Zahlen sind das Ergebnis mathematischer Modelle, und überwiegend kein empirisches Ergebnis.

## 2.5    Zwischenfazit

**Conclusion**
- Das Phänomen der Wirtschaftsspionage zu beschreiben, ist anspruchsvoll und aufgrund der **lückenhaften Datenlage** kaum möglich. **Ernsthafte Erkenntnisse über Fallzahlen, Täter, tatsächliche Schäden etc. fehlen**. Dieser Umstand ist überwiegend anerkannt und muss geändert werden.
- Über Spionage als Phänomen an sich gibt es bis auf Informationen über populäre Einzelfälle wie Edward Snowden nur **wenig Berichterstattung**. Eine heuristische Auseinandersetzung ist daher wissenschaftlich kaum möglich. **Das Dunkelfeld scheint nicht nur bezogen auf die quantitativen Fallzahlen und Schäden, sondern auch über die qualitativen Erkenntnisse überproportional groß.**
- Einigkeit besteht weitestgehend darüber, dass der **Innentäter, sei es nun im engeren oder weiteren Sinne ein exponiertes Gefahrenpotential darstellt.** Er verfügt über **Insiderwissen**, das der außenstehende Täter nicht oder nur schwerlich erlangen könnte.

*(Fortsetzung)*

---

[89] Corporate Trust, S. 23.

[90] (BT-Drs. 18/2281 Antwort zu Frage 3.) lit b.

- **Die Motive des Innentäters können ideologische oder egoistische sein.** Vieles spricht dafür, dass es sich bei der Wirtschaftsspionage durch Innentäter um **Wirtschaftskriminalität** handelt. Aus dieser Grundannahme heraus sind sowohl die rechtlichen, als auch die kriminologischen Theorien für die staatliche Wirtschaftsspionage und die wirtschaftliche Wirtschaftsausspähung bei der Betrachtung des Gesamtphänomens zu berücksichtigen.
- **Im Rahmen einer unternehmerischen Risikovorsorge lassen sich dennoch Indikatoren erarbeiten, nach denen ein zielorientiertes Risikomanagement zur Vermeidung von Informationsabfluss durch Innentäter etabliert werden kann.** Die Unternehmen sind aufgrund der wirtschaftlichen Indikationen aufgefordert, Vorsorge zu leisten. Entscheidend ist, ein solches System im Einklang mit den arbeitsrechtlichen und moralisch-ethischen Überlegungen zu konstruieren (vgl. Abschn. 6.2).

# Die Angriffsmethoden

3

> *„Will man einen Narr zugrunde richten, versorge man ihn mit Informationen." (Taleb 2013)*

**Zusammenfassung**

Die Möglichkeiten auf unternehmensinterne Information widerrechtlichen Zugriff erhalten zu können, sind schier unendlich.

Die Akteure wenden bekannte nachrichtendienstliche Methoden an.

Mittels OSINT werden Informationen in öffentlich zugänglichen Quellen erhoben, durch SIGINT werden elektronische Quellen angezapft und bei der HUMINT wird der Mensch in den Mittelpunkt des Intereses gestellt.

Eine besondere Gefahr stellt die Kombination der Angriffsvektoren, in einem ausgeklügelten Szenario dar.

Die Unternehmen sind v. a. durch die Verbindung aus Social Engineering, also dem Ausnutzen menschlicher Schwächen zur Erlangung von Informationen, die der Angegriffene gar nicht mitteilen möchte, und der Verknüpfung mit technisch anspruchsvollen und maßgeschneiderten Angriffen, sog. APT Angriffen, besonders gefährdet.

Der größte Angriffsvektor liegt im Faktor Mensch. Hierdurch ergeben sich prioritäre Handlungserfordernisse, um diesen Vektor zu schließen.

## 3.1 Kategorisierung von Angriffsarten

Sämtliche Angriffsmethoden auf fremdes Unternehmenswissen zu beschreiben, würde einem tauglichen Versuch am untauglichen Objekt gleichen. Im englischen Sprachraum werden die Aktivitäten der Nachrichten- und Geheimdienste unter dem Begriff

© Springer Fachmedien Wiesbaden 2016

D. Fleischer, *Wirtschaftsspionage*, DOI 10.1007/978-3-658-11989-8_3

**Abb. 3.1** Intelligence Circle

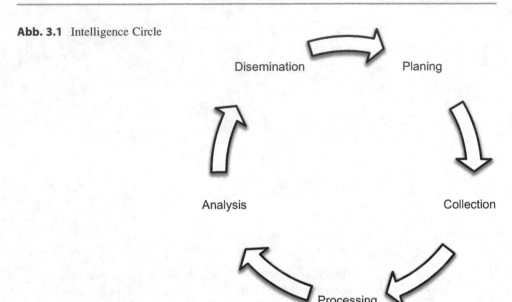

„**Intelligence**" zusammengefasst. Kurz gefasst könnte man sagen: „*Intelligence is information about the enemy.*"[1]

Der sog. Intelligence Circle ist dabei ein prozessorientiertes Modell zur standardisierten Erhebung, Analyse, Aufbereitung und Nutzung nachrichtendienstlich relevanter Daten und Grundlage nachrichtendienstlicher Arbeit (vgl. Abb. 3.1).

Um den Prozessschritt „Collection" bedienen zu können, kommen unterschiedliche **Informationsgewinnungsmethoden** zum Einsatz.

Einen summarischen Ansatz bietet *Worcester*, indem er folgendes feststellt: „*Die klassische Intelligence basiert auf dem Sammeln von Informationen aus diversen Quellen. Diese reichen von menschlichen Quellen und Informanten (HUMINT) über abgefangene Gespräche und Kommunikation (COMINT) sowie elektronische Informationen (ELINT). In letzter Zeit sind weitere Informationsquellen wie Satellitenbilder (IMINT), Standortbestimmungen (LOCINT) und geografische Informationen (GEOINT) hinzugekommen. Auch sind öffentlich verfügbare Informationen (OSINT) immer wichtiger geworden. Das Internet erlaubt den Diensten Zugang zu einer Vielzahl von Informationen über Zielpersonen, Länder und Wirtschaft. Gleichzeitig nutzen Zielpersonen und -gruppen das Internet, um miteinander zu kommunizieren und ihre Botschaften in die Welt zu tragen. Die Dienste bedienen sich nicht nur aus dem Internet, sie müssen auch genau verfolgen, wer im Internet was kommuniziert.*"[2]

---

[1] Krieger, S. 14.

[2] *Worcester* in http://www.wiwo.de/technologie/digitale-welt/mehr-oder-weniger-intelligence-ueber-die-rolle-der-geheimdienste/12159738.html

Nachrichtendienste bedienen sich überwiegend den in der unten abgebildeten Grafik aufgezeigten Methoden zur Informationsgewinnung:

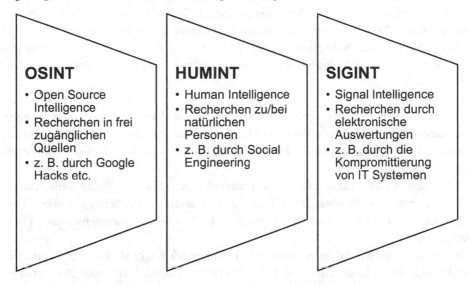

**OSINT**
- Open Source Intelligence
- Recherchen in frei zugänglichen Quellen
- z. B. durch Google Hacks etc.

**HUMINT**
- Human Intelligence
- Recherchen zu/bei natürlichen Personen
- z. B. durch Social Engineering

**SIGINT**
- Signal Intelligence
- Recherchen durch elektronische Auswertungen
- z. B. durch die Kompromittierung von IT Systemen

Die höchste und gefährlichste Wirksamkeit erlangen die Methoden, wenn sie miteinander kombiniert werden.

**Fallbeispiel**

Mittels **OSINT** recherchieren die Angreifer auf der Homepage des Unternehmens wer die Abteilung Merger & Aquisition leitet. Bei der Recherche in sozialen Netzwerken werden sie leicht fündig, welcher Mitarbeiter der Abteilung sich nicht mehr ganz wohl fühlt und bei Beförderungen übergangen wurde. Mittels geschickter **HUMINT** Aktionen, v. a. des sog. Social Engineering wird Kontakt zu diesem Mitarbeiter aufgenommen und dieser so ausgefragt, dass die Namen der Projekte etc. an denen das Unternehmen zurzeit arbeitet, bekannt werden. Eine unachtsame Minute des Mitarbeiters wird bei einem Treffen mit ihm ausgenutzt, um mittels **SIGINT** einen Trojaner zu installieren, mit dem der Zugriff auf die Firmennetze möglich wird. Hierzu konnten im Vorfeld Credentials des unzufriedenen Mitarbeiters abgeschöpft und ausgenutzt werden.

## 3.2    Open Source Intelligence (OSINT)

Viele Informationen über lohnenswerte Angriffsziele sind über die Recherche in öffentlich zugänglichen Quellen zu finden.

Der BND definiert OSINT als:

▶ **Definition** *„OSINT steht für OPEN SOURCES INTELLIGENCE. Damit ist die systematische und gezielte Beschaffung von frei verfügbaren Informationen gemeint. Sie erfolgt im gesamten Spektrum der öffentlich zugänglichen Informationskanäle und in allen möglichen Sprachen. Die gesammelten Informationen werden vorausgewertet und danach gebündelt und bedarfsgerecht den auswertenden Bereichen zur Verfügung gestellt. Der Bereich OSINT stellt das quantitativ größte Aufkommen der Informationsgewinnung dar."*[3]

Die rasante Entwicklung der OSINT ist eng an die **Verfügbarkeit ungezügelter Datenmengen im Worldwide Web**, dem Internet, gebunden. Sowohl staatliche Stellen, als auch private Anbieter stellen zahlreiche Datenbanken – auch kostenlos – zur Verfügung.

Hinzu kommt, dass die angegriffenen Unternehmen sich allzu oft und **ohne Not im Internet geradezu entblößen**. Diese Tendenz wird durch die marketinggetriebene Haltung forciert, vor allem in sozialen Netzwerken zahlreiche Unternehmensdaten zu veröffentlichen.

Haben Sie schon einmal Ihren Unternehmensnamen bei Wikileaks eingegeben oder bei Google nach Ihrem Unternehmen und den Begriffen „Confidential" oder „Vertraulich" gesucht? Durch sog. **Google Hacks** – die auf den folgenden Seiten exemplarisch beschrieben werden – sind sie in der Lage, das Internet nach Inhalten zu durchsuchen, die bei einer einfachen Suche verborgen bleiben.

> ▶ **Durchsuchen Sie das Netz regelmäßig durch eigene Recherche nach bestimmten Schlagworten und Suchbegriffen, die auf Ihr Unternehmen hinweisen.**

Mittlerweile bieten Unternehmen die gezielte Suche im nicht öffentlichen Teil des Internets, dem **Dark Web**, an. Hierbei sollen sog. Peer-to-peer Netzwerke nach unternehmensrelevanten Informationen abgesucht werden können. Bei diesen Netzen handelt es sich um abgeschlossene und nicht öffentlich zugängliche Subnetze. Der Zutritt zu Foren, in denen man sich neben kriminellen Dienstleistungen aller Art („Crime as a service") auch Unternehmensinformationen kaufen kann, ist nur mit Referenz und anonym möglich. Oft geschieht der Zutritt in diese Räume über **Anonymisierungstools** wie Tor/Tails, I2P oder Freenet Project.

Es soll sogar schon Firmenrechner gegeben haben, auf denen Mitarbeiter mit **lokalen Administratorenrechten** derartige Programme installiert haben. Es kann durchaus

---

[3] http://www.bnd.bund.de/DE/Arbeitsfelder/Informationsgewinnung/OSINT/osint_node.html; jsessionid=E6A403A1A64CCBF46D26A91318540085.2_cid386

sinnvoll sein, über anonymisierte Rechner nachzudenken, wenn es darum geht, sensible Informationen zu recherchieren. Derartige Programme jedoch auf identifizierbaren und lizenzierten Firmenrechnern zu installieren, birgt nicht nur die Gefahr der unredlichen Nutzung, sondern auch einer erheblichen **Infektion mit Schadsoftware** in sich. Also: Finger weg von solchen Programmen auf Firmen PC's!

Recherchen im Rahmen der OSINT können in den in Tab. 3.1 aufgezeigten Quellen erfolgen.

Vor allem im US amerikanischen Raum gibt es zahlreiche Bücher, die sich intensiv mit OSINT Recherchen befassen. Das „*Extreme Searcher's Internet Handbook*" beschreibt ebenso wie „*Open Source Intelligence Techniques*" umfassend Techniken und Quellen, um den offenen Teil des Internets – das sog. **Clear Web oder Net** – nach Daten zu durchsuchen.

Eine tiefgreifende Möglichkeit nach Informationen zu suchen, bieten sog. **Google Hacks**. Hierbei handelt es sich um Recherchen mit definierten Suchtermen mittels Google. Diese reichen von den **Booleschen Operatoren** AND und OR bis zu **speziellen Suchoperatoren**.

Der Umfang der möglichen Suchtermen ist erheblich. Exemplarisch werden in Tab. 3.2 und 3.3 einige Möglichkeiten gezeigt.

Beispiele für die Anwendung zeigt Tab. 3.3.

Suchen nach Begriffen, die in **Anführungszeichen** stehen, liefern i. Ü. andere Ergebnisse, als Suchen ohne diese. Anführungszeichen haben zur Folge, dass „*die Ergebnisse nur solche Seiten [darstellen], auf denen die Wörter in der gleichen Form und in der gleichen Reihenfolge wie innerhalb der Anführungszeichen vorkommen. Verwenden Sie Anführungszeichen nur dann, wenn Sie nach einem ganz speziellen Wort oder einer exakten Wortgruppe suchen. Ansonsten könnten Sie viele hilfreiche Ergebnisse versehentlich ausschließen.*"[4]

Ich tangiere die Möglichkeiten zielgerichteter Internetrecherchen an dieser Stelle bewusst: Bei den Recherchen zu diesem Buch sind mir durch das simple Ausprobieren von Sucheroperatoren Informationen bewusst geworden, die ein **Gefahrenpotential für Personen und Unternehmen** darstellen.

Open Source Suchen bergen auch **Gefahren** für diejenigen die suchen. Die Gefahr in **Honeypots** – also manipulierte Seiten mit bewussten Fehlinformationen – geleitet zu werden, ist nicht gering. Ebenso besteht die Möglichkeit, Opfer eines **Waterhole-Plots** zu werden, bei dem Schadsoftware nicht unmittelbar beim angegriffenen Unternehmen injiziert wird, sondern an Stellen abgelegt wird, die regelmäßig von Mitarbeitern eines

---

[4] Quelle: https://support.google.com/websearch/answer/2466433?hl=de; mit weiteren interessanten Optionen.

**Tab. 3.1** Exemplarische OSINT Suchquellen

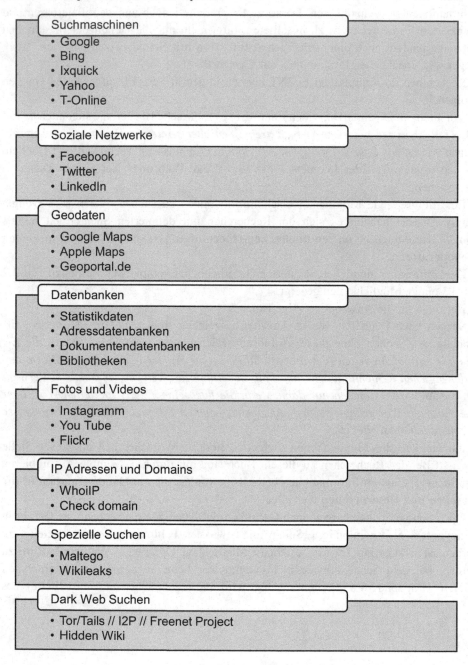

Suchmaschinen
- Google
- Bing
- Ixquick
- Yahoo
- T-Online

Soziale Netzwerke
- Facebook
- Twitter
- LinkedIn

Geodaten
- Google Maps
- Apple Maps
- Geoportal.de

Datenbanken
- Statistikdaten
- Adressdatenbanken
- Dokumentendatenbanken
- Bibliotheken

Fotos und Videos
- Instagramm
- You Tube
- Flickr

IP Adressen und Domains
- WhoiIP
- Check domain

Spezielle Suchen
- Maltego
- Wikileaks

Dark Web Suchen
- Tor/Tails // I2P // Freenet Project
- Hidden Wiki

**Tab. 3.2** Google Hacks – Suchoperatoren

| | |
|---|---|
| *site* | beschränkt die Suche auf eine definierte Domain |
| *inurl* | sucht nach Begriffen, die in der URL vorkommen |
| *cache* | sucht nach Informationen, die sich im Zwischenspeicher von Google befinden |
| *ext* | sucht nach Dateien mit definiertem Dateiformat (z. B. ppt, xls, pdf) |
| *inanchor* | sucht nach einem Link auf einer Internetseite |

**Tab. 3.3** Beispiele für Suchen

| | |
|---|---|
| *site:testseite.de ext:pdf „confidential"* | liefert auf der Internetseite „www.testseite.de" alle pdf.-Dateien, in denen sich der Begriff „confidential" befindet |
| *url:testseite.de „Kennwort"* | sucht nach URL mit dem Inhalte „testseite.de", die den Suchbegriff „Kennwort" enthalten |
| *site:testseite.de inanchor: Download* | liefert alle Download Links auf der Seite „testseite.de" |

bestimmten Unternehmens genutzt werden. Die extern gehosteten Seiten – z. B. für Mitarbeiterincentives, Bonusprogramme, unternehmensbezogene Diskussionsforen etc. – sind zumeist noch weniger gesichert als die jeweiligen Firmennetzwerke. Mittels OSINT lassen sich derartige Seiten identifizieren und gezielt für Angriffe manipulieren.

## 3.3   Human Intelligence (HUMINT)

Der BND definiert HUMINT wie folgt:

▶ **Definition** *„HUMINT steht für HUMAN INTELLIGENCE. Das ist die Informationsgewinnung mittels menschlicher Quellen. Diese operative Beschaffung ist auch heute ein elementarer Bestandteil unserer Arbeit. Sie ist zugleich der risikoreichste Bereich der nachrichtendienstlichen Informationsbeschaffung sowohl für unsere Mitarbeiter wie auch für unsere Informanten. Der Schutz von Quellen und Informanten hat darum höchste Priorität."*[5]

Die Nutzung menschlicher Quellen hat eine lange nachrichtendienstliche Tradition. Sie gehört unbestritten zu den **Kernfähigkeiten aller Spionageorganisationen**. Im Mittelpunkt standen und stehen hierbei Quellen, die zur Zusammenarbeit mit einem fremden Nachrichtendienst gewonnen wurden. Die Geworbenen lassen sich bewusst auf eine Zusammenarbeit mit einem Geheimdienst oder einem von diesem unter einer Legende geschaffenen Scheinunternehmen ein.

Aber auch die Täuschung, ebenfalls eine klassisch nachrichtendienstliche Vorgehensweise, kommt beim HUMINT zu Anwendung. Um diese zu erlernen, muss man nicht

---

[5] http://www.bnd.bund.de/DE/Arbeitsfelder/Informationsgewinnung/HUMINT/humint_node.html

Absolvent einer Agentenschule sein. Hierbei kann das **Worldwide Web** helfen. Mit wenigen Recherchen im sog. Dark Web erfahren Interessierte schnell wie Identitäten vorgetäuscht und Kommunikation manipuliert wird. Die hohe Verfügbarkeit von Informationen und Anleitungen über die Techniken hat zu einer weiten Verbreitung geführt.

---

**Fallbeispiel: Briefkastendrop**

Folgenden Hinweis zum Briefkastendrop findet der geneigte Interessent im Dark Web: „BKD = Briefkastendrop: Hierbei handelt es sich um einen anonymisierten Briefkasten, der dem Erhalt von Postsendungen dient. Hierzu gibt es verschiedene Methoden. Manche tauschen das Namensschild des eigenen Briefkastens für die Dauer des geplanten Empfangs gegen einen fremden Namen aus bis die Lieferung empfangen wurde. Weitere Möglichkeiten sind die Nutzung von Briefkästen leerstehender Häuser/Wohnungen oder das Anbringen eines eigenen Briefkastens an einem geeigneten Ort. Grenzen setzt hier lediglich die Kreativität."[6]

---

Zur Abschöpfung menschlicher Quellen kommen neben dem Social Engineering – auf das noch näher eingegangen wird – auch andere Methoden zum Einsatz.

Die **Auswahl der menschlichen Quellen** erfolgt grundsätzlich nach zwei Kriterien: (a) Relevanz und (b) Anfälligkeit

Die **Relevanz** ergibt sich aus der Rolle, die eine Person im Zusammenhang mit den angestrebten Informationen innehat.

Bei der Beurteilung der **Anfälligkeit** weist *Winkler* z. B. auf das von russischen Nachrichtendiensten verwendete Akronym **MICE** hin[7]:

▶ **MICE – Anfälligkeit für nachrichtendienstliche Abschöpfung**

| | |
|---|---|
| **M**oney | „...the most widely employed device for recruiting people to commit espionage..." |
| **I**deology | „...people become involved in espionage because they belive in what the attacke is doing..." |
| **C**oercion | „...depends on a person's susceptibility to blackmail or manipulation..." |
| **E**go | „...human ego is a juicy target for skilled spy masters..." |

Die Darstellung der potentiellen Kompromittierungsvektoren ist nicht nur einprägend, sondern auch schlüssig und umfassend.

---

[6] Die Quelle wird nicht genannt.

[7] *Winkler*, S. 122f.; das Akronym wir i.Ü. auch in US amerikanischen Expertenkreisen verwendet.

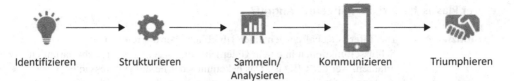

| Identifizieren | Strukturieren | Sammeln/ Analysieren | Kommunizieren | Triumphieren |

**Abb. 3.2**  Ablauf eines Social Engineering Angriffs

### 3.3.1  Social Engineering

Eine besondere Rolle nimmt das sog. Social Engineering (SE) ein.

▶ **Definition**  Social Engineering ist die bewusste Konstruktion sozialer Verbindungen, um mittels manipulativer Kommunikation an Informationen zu gelangen, die die angesprochene Zielperson sonst nicht offenbart hätte.

Der Begriff wurde durch *Kevin Mitnick* populär. Dieser erklärte in einen Prozess gegen ihn, an die wesentlichen Informationen für seine Hacking Angriffe gekommen zu sein, indem er **soziale Beziehungen zu den späteren Opfern konstruierte** und ihnen so Zugangsdaten oder technische Konfigurationen entlockte, um seine Technik zielgerichtet zum Einsatz bringen zu können.

Wissenschaftlich wird der Terminus auch in den Politik-, Gesellschaftswissenschaften und der **Arbeitspsychologie** verwendet, wenn es darum geht, soziale Verhältnisse zu konstruieren. Erstmalig wird der Ausdruck in der Literatur von Karl Popper 1945 in seinem Beitrag *The Open Society and Its Enemies*[8] verwendet.

Über das SE, das sich in den letzten Jahren zu einem echten Modethema entwickelt hat, sind mittlerweile sehr viele Bücher und Beiträge veröffentlicht worden. Eines der umfangreichsten **Werke** ist „*Die Kunst des Human Hacking*" von *Hadnagy*, der Klassiker ist „*Die Kunst der Täuschung*" von *Mitnick* und im deutschsprachigen Raum ist das Buch „*Von netten und anderen Menschen*" von *Maro* bekannt.

Alle Bücher haben gemeinsam, dass sie mehr oder weniger umfangreich Methoden und Verfahren beschreiben, mit denen es leicht gelingt, den Opfern wichtige Informationen zu entlocken. Seit neustem kann jedermann auf der Seite http://www.social-engineer.org sogar Podcasts herunterladen und auf dem Weg zur Arbeit lernen, wie man geschickt die Schwächen anderer zum eigenen Vorteil nutzt.

Dabei läuft ein klassischer Social Engineering Angriff immer gleichmäßig strukturiert, wie in Abb. 3.2 dargestellt, ab.

---

[8]*Popper* verwendet den Begriff v. a. im Zusammenhang mit der Konstruktion gesellschaftlicher Verhältnisse. Er geht dabei auf die unterschiedlichen Gesellschaftsvorstellungen von Plato über Marx bis in die damalige Gegenwart ein.

▶ **Der klassische Social Engineering Angriff?**

| | |
|---|---|
| **Identifizieren** | Die Täter verschaffen sich einen Überblick über die relevanten Schlüsselfunktionen in einem Unternehmen. Es geht primär nicht darum zu erfahren, wer der CEO ist. Das bekommt jeder heraus. Interessanter ist zu erfahren, auf wen der CEO hört oder wer der persönliche Fahrer ist, wer die Rechner der Vorstände wartet oder welcher Forscher sich lieber im Hintergrund hält, jedoch über alle wichtigen Formeln und Erfindungen wacht |
| **Strukturieren** | Die gewonnen Daten werden analysiert, gewichtet und strukturiert. Es wird zwischen lohnenswerten und aussichtslosen Angriffsvektoren unterschieden. Sinnvoll ist nur, was hohe Einträglichkeit bei minimalem Risiko bedeutet. An dieser Stelle ist es für die Angreifer das vorrangige Ziel, motivierte Innentäter oder kriminogene Faktoren zu identifizieren |
| **Sammeln** | Hierzu stehen zahlreiche frei zugängliche Datenbanken zur Verfügung, mit denen sich Beziehungsgeflechte ebenso abbilden, wie sich Daten über persönliche Vorlieben und Eigenschaften erfassen lassen. Mit den so gewonnen Daten lassen sich nun noch gezieltere Nachfragen anstellen[9] |
| **Kommunizieren** | Ab dieser Phase kommt verstärkt auch Informationstechnik zum Einsatz. Hier erfolgt regelmäßig die Verknüpfung zwischen HUMINT und SIGINT. Ziel ist es, mit den gewonnen Daten Zugang zu den IT Systemen zu bekommen, um noch mehr Daten zu erlangen. Hier kommen neben maßgeschneiderter Schadsoftware auch populäre Tools wie das Social Engineering Toolkit zum Einsatz. Kombiniert werden die technischen Tools mit individueller Kommunikation |
| **Triumphieren** | Den Angreifern ist es gelungen, Zugang zu vitalen Systemen und Informationen zu bekommen. Sie haben dazu die bewusste oder unbewusste Unterstützung relevanter Mitarbeiter des Unternehmens oder Innentäter i.w.S. erhalten. Wenn es gut gelaufen ist, hat niemand bemerkt, dass die Täter da waren |

In den einzelnen Phasen kommen bewusst gewählte und adressatengerechte **Manipulationstechniken** zum Einsatz.

---

**Fallbeispiel: Lügen Sie einfach einmal bewusst im Gespräch!**

Auch wenn es Sie einige Überwindung kosten wird: Versuchen Sie es einmal in einem Small Talk ganz bewusst mit der Unwahrheit!

Wenn Sie erfahren wollen, wer die Abteilung XY im Unternehmen AB leitet, sprechen Sie doch bei der nächsten Konferenz einen Kollegen dieses Unternehmens an und sagen ihm: *„Ach ja, bei Ihnen leitet doch jetzt der Meier die Abteilung XY!"* Sie werden sehen, dass die Mehrheit der so angesprochenen reagieren und Ihnen den

---

[9] Mit zahlreichen Beispielen hierzu *Hadnagy* in die Kunst des Human Hacking und in seinem SE Framework auf http://www.social-engineer.org/framework/information-gathering/

**Tab. 3.4** Social Engineering Methoden

| | |
|---|---|
| **Fact Droping** | Es werden bewusst vermeintliche Insiderfakten erwähnt, um Vertrauen und Loyalität zu suggerieren |
| **Name Droping** | Es werden bewusst Namen von Schlüsselpersonen erwähnt und suggeriert, dass diese einem sehr nahe stünden bzw. bekannt wären |
| **Lügen** | Es wird bewusst die Unwahrheit gesagt, in der Erwartung, dass dieses vom Gesprächspartner korrigiert wird |
| **Vertraulichkeit** | Dem Empfänger gegenüber werden Informationen als streng vertraulich dargestellt, um ihn im Gegenzug zu gleichwertiger Vertraulichkeit zu bewegen |
| **Kritik** | Bewusste und offene Kritik an Personen oder Organisation, von denen der Angreifer weiß, dass der Angegriffene sie nicht leiden kann |
| **Quid pro quo** | Der SE Angreifer stellt eine Information in Aussicht, wenn er hierfür ebenfalls eine Information bekommt |
| **Schmeicheln** | Dem Angesprochenen wird die besondere Wertschätzung und Hochachtung suggeriert |
| **Interviews** | Headhunter, Fachredakteure oder andere fachlich interessierte appellieren an den Fachverstand und die besondere Expertise des Angesprochenen |

richtigen Namen nennen wird. Wir sind gewöhnt zu korrigieren und die Wahrheit zu sagen. Diese Lücke nutzt Social Engineering gezielt aus.

Eine kurze Übersicht einiger **Methoden** wird in Tab. 3.4 vorgestellt.

Alle Methoden hier darzustellen, wäre nicht möglich. Letztendlich gleichen sie sich alle, da sie darauf abzielen, Vertrauen und eine persönliche Ebene zwischen den Gesprächspartner herzustellen.

> ▶ **Setzen Sie sich mit Social Engineering Methoden auseinander, um bei Ermittlungen gezielt nach diesen zu suchen.**

## 3.3.2 Anfälligkeit für Social Engineering

*Pokoyski* u.a. haben in der Studie „*BLUFF ME IF YOU CAN*"[10] psychologische Tiefeninterviews durchgeführt und dabei eruiert, dass es folgende Einfallstore für Social Engineering (SE) gibt:

- Hilfsbereitschaft
- Leichtgläubigkeit
- Neugier

---

[10] Auszug aus der Studie unter http://www.known-sense.de/BluffMeIfUCanAuszug.pdf

- Wunsch nach Anerkennung
- Druck
- Angst

Die amerikanische Bundespolizei FBI beschreibt in einer ihrer Informationsbroschüren die Gründe, warum Menschen auf Manipulationstechniken hereinfallen wie folgt[11]:

- *„A desire to be polite and helpful, even to strangers or new acquaintances*
- *A desire to appear well informed, especially about our profession*
- *A desire to feel appreciated and believe we are contributing to something important*
- *A tendency to expand on a topic when given praise or encouragement; to show off*
- *A tendency to gossip*
- *A tendency to correct others*
- *A tendency to underestimate the value of the information being sought or given, especially if we are unfamiliar with how else that information could be used*
- *A tendency to believe others are honest; a disinclination to be suspicious of others*
- *A tendency to answer truthfully when asked an "honest" question*
- *A desire to convert someone to our opinion"*

Zudem identifizieren die Autoren der Studie die in Tab. 3.5 aufgeführten idealtypische Adressaten für SE und klassifizieren deren Vulnerabilität für SE Angriffe und deren Ansprechbarkeit für Awarenessmaßnahmen.

### 3.3.3 Social Engineering – arglistige Täuschung?

Kochheim ordnet SE den *„Erscheinungsformen der Cybercrime und ihren Strukturen"* zu.[12] Übereinstimmend stellt die BITKOM folgendes fest: *„Fast ein Fünftel (19 Prozent) der Unternehmen registrierte in den vergangenen zwei Jahren Fälle von Social Engineering. Bei dieser Methode geht es darum, Mitarbeiter zu manipulieren, um an bestimmte Informationen zu gelangen. Häufig geht Social Engineering gezielten Hacking- oder Phishing-Angriffen voraus. Ein Beispiel: Die Täter geben sich am Telefon als Dienstleister aus und fragen nach Namen und Funktionen bestimmter Mitarbeiter. Auf dieser Grundlage entwerfen sie täuschend echte E-Mails, die die Adressaten veranlasst, eine*

---

[11] https://www.fbi.gov/about-us/investigate/counterintelligence/elicitation-techniques
[12] *Kochheim*, S. 6.
[13] BITKOM, Prof. Dr. Kempf am 16.04.2015.

**Tab. 3.5** Social Engineering Typen, Social Engineering Risiko und Ansprechbarkeit für Awareness

| Typ | Beschreibung | Social Engineering Risiko | Awareness Eignung |
|---|---|---|---|
| **Vorsichtige Pragmatiker** | Vorsichtige Pragmatiker betrachten die Möglichkeiten der modernen Kommunikation sorgfältig auf ihren Nutzen hin. SE führt entweder zu selbstkritischen Einsichten oder Resignation. Potentiell sehr offen für Awareness, allerdings auch wenig Risiken | relativ gering | sehr hoch |
| **Naive Dauersender** | Naive Dauersender lieben den ständigen Kontakt zu bekannten und weniger bekannten Menschen. Fühlen sich selber als zu unbedeutend, um für einen Social Engineer interessant zu sein. Bieten eine große Angriffsfläche | sehr hoch | durchschnittlich |
| **Versierte Netzjunkies** | Versierte Netzjunkies bewegen sich souverän auf dem neuesten Stand der Technik. SE überfordert durch allzu Menschliches. Hohes Risiko, geringe Offenheit! | relativ hoch | relativ gering |
| **Skeptische Verweigerer** | Skeptische Verweigerer bewegen sich kritisch in der Kommunikationslandschaft und machen keinesfalls überall mit. SE ist das Problem der anderen, die zu unvorsichtig waren. Hohes Risikopotential aufgrund der Anfälligkeit in analogen Kommunikations-Settings bei gleichzeitig mittlerer Awareness-Eignung | relativ hoch | durchschnittlich |
| **Unbekümmerte Mitläufer** | Unbekümmerte Mitläufer sind offen für Neuerungen, wollen immer dabei sein. SE ≫versaut≪ diese schöne, heile Kommunikationswelt und weckt Schamgefühle. Hohes Risiko, aber auch gut über Awareness zu packen | relativ hoch | relativ hoch |

*mit einem Trojaner infizierte Datei zu öffnen, fingierte Rechnungen zu bezahlen oder persönliche Informationen preiszugeben.*"[13]

Social Engineering im Zusammenhang mit **Cybercrimetaten** eröffnet u. U. eine Strafbarkeit nach § 202a StGB beim **Ausspähen von Daten** (vgl. Abschn. 4.4.2.1).

Tatsächlich sind manipulative Methoden, um an relevantes Täterwissen zu kommen, jedoch schon so alt wie das Verbrechen an sich. Nur hat man derartige Überredungstechniken in der Vergangenheit nicht so herausragend bezeichnet, sondern als das was es ist: **Manipulation und Täuschung**

Social Engineering Techniken wurden immer angewandt, wenn es darum ging potentielle Opfer ohne Zwang oder Drohung mit einen empfindlichen Übel zu einer Handlung, einer Willenserklärung oder sonstigen Aussage zu bewegen. **Strafrechtlich** werden diese Methoden relevant, wenn es darum geht, an die Vermögenswerte anderer zu gelangen. Klassisch ist hier der **Betrug** i.S.d. § 263 StGB zu nennen, bei dem das Tatbestandsmerkmal der „Täuschungshandlung" durch einen SE Angriff erfüllt werden kann.

Social Engineering kann auch als „arglistige Täuschung" i.S.d. § 123 BGB verstanden werden. Juristisch wird hierunter die **Erregung oder Aufrechterhaltung eines Irrtums** verstanden, die durch **bewusste Falschangabe oder dem Verschweigen wahrer Tatsachen** aufrechterhalten wird, obwohl **Aufklärungspflicht** besteht.[14] **Zivilrechtlich** können sich durch SE Handlungen somit zivilrechtliche, v. a. auf **Schadensersatz** ausgerichtete Ansprüche ergeben.

Im **arbeitsplatzbezogenen Kontext** ist es wichtig festzustellen, dass die durch SE Angriffe manipulierten Mitarbeiter viktimisiert, also Opfer werden. Falsch wäre es, sie der Mittäterschaft oder Beihilfe zu bezichtigen. Ist das der Fall, dann kann davon ausgegangen werden, dass die Betroffenen wesentliche Informationen zurückhalten, um sich selbst vor Repression zu schützen. Anders ist dies zu beurteilen, wenn von **grober Fahrlässigkeit oder gar schuldhafter, d. h. bewusster Weitergabe in Kenntnis der Unzulässigkeit**, ausgegangen werden muss.

> ▶ **Bei mit Social Engineering Methoden angegriffenen Mitarbeitern, handelt es sich zumeist um Opfer und nicht um Mittäter.**

### 3.3.4  Social Engineering durch Innentäter

Da die Methoden des Social Engineering auch von Innentätern i.e.S. und i.w.S. angewendet werden können, kommt der Befassung in diesem Buch unter dieser Perspektive eine besondere Bedeutung zu. **Innentäter genießen den Vorteil, manipulative Techniken noch zielgerichteter und weniger riskant einsetzen zu können.** Sie müssen sich nicht erst lange mit der Frage beschäftigen, ob es nun „Kostenstelle", „Buchungsstelle" oder „Rechnungsstelle" heißt oder ob Herr Meier oder Frau Müller die zuständige Forschungsleiterin ist. Ihnen ist dieses Insiderwissen präsent. Wer also glaubt, dass SE nur von externen Tätern angewendet werden kann, der irrt.

---

[14] Wendtland in Beck'scher Online Kommentar BGB, Rdrn. 7 zu § 123 BGB.

## 3.4    Signal Intelligence (SIGINT)

Der BND definiert SIGINT als[15]:

▶ **Definition** *„SIGINT bedeutet SIGNALS INTELLIGENCE. Die weltweiten Datenströme werden ausschnittsweise gefiltert und elektronisch auf bestimmte Inhalte untersucht. Die technische Beschaffung erfolgt rezeptiv und ist nur begrenzt steuerbar. Darüber hinaus ist besonders diese Art der Informationsbeschaffung gesetzlich streng reglementiert. Sie ist dennoch zur Erstellung eines belastbaren Lagebildes unverzichtbar.“*

## 3.5    Kriminalgeographie des Worldwide Web

Angriffe mittels elektronischer Hilfsmittel nehmen nicht erst seit der breiten öffentlichen Diskussion über die nachrichtendienstlichen Aktivitäten in- und ausländischer Dienste in der in der Kriminalitätslage eine exponierte Rolle ein.

Dass das Internet für Geheimdienste der **optimale Tatort** ist, ist Experten hinlänglich bekannt. Das Internet kombiniert die in Abb. 3.3 dargestellten Faktoren.

Jeder Präventionsexperte weiß, dass diese Voraussetzung förmlich **Optimalbedingungen** sind, wenn es um den **Nährboden für kriminelle Aktivitäten** geht.

Das Internet wurde zu staatlichen, d. h. **primär militärischen Zwecken** geschaffen. Wen wundert es da, dass sich die Schöpfer des Worldwide Web in diesem auch am besten auskennen. Sie haben sich ihre Hintertüren und Möglichkeiten eingeräumt, entweder den staatlichen Organisation oder legendierten, zivilen Organisationen schrankenlosen Zugriff zu ermöglichen.

Zudem trägt oftmals die unternehmerische IT-Infrastruktur die ungute Saat in sich selbst. Die Computersysteme sind **in kürzester Zeit exponentiell gewachsen**. Das Angebot an IT-Spezialisten und Fachkräften in den Unternehmen konnte allerdings nicht gleichschnell wachsen wie der Bedarf.

Vor allem in den kleineren und mittleren Unternehmen wird eher der pragmatische IT-Handwerker gesucht, der ein System schnell wieder ans Laufen bekommt, als der ausgewiesene Sicherheitsexperte, der die **Performance und den Komfort zu Gunsten der Sicherheit** reduziert.

Internationale Unternehmen stellen sich weitere Herausforderungen: In **globalen Netzen** können sie nicht anders, als die Infrastruktur der lokalen Telekommunikationsanbieter zu nutzen. Das sich hinter diesen eine Staatsgesellschaft verbirgt, ist häufig die Regel. Bei **Firmenzukäufen** werden ganze Infrastrukturen in den laufenden Betrieb eingegliedert. Aus Sicherheitssicht defizitäre und mala fide Netze müssen erst integriert und dann mitunter saniert werden. „We build the ship while we sail it“, könnte man sagen.

---

[15] http://www.bnd.bund.de/DE/Auftrag/Informationsgewinnung/SIGINT/sigint_node.html

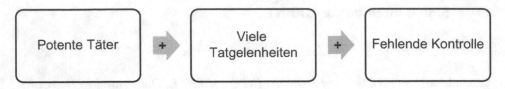

**Abb. 3.3** Tatort Internet

Grundsätzlich bedürfen **potente Nachrichtendienste** sicherlich nur in seltenen Fällen der Unterstützung durch Innentäter, wenn ihnen der Zugriff auf Infrastrukturen möglich ist. Je stärker die Sicherheitsmaßnahmen der Unternehmen jedoch sind – Kryptographie, Segmentierung, Authentifizierung etc. – desto wichtiger und hilfreicher ist es, Mittäter mit Insiderwissen zu gewinnen. Und diese Unterstützung wird umso vitaler, je ausgewiefter und anspruchsvoller der Angriff ist.

### 3.5.1 APT Angriffe

**229 Tage** dauert es im Durchschnitt bis die Anwesenheit von Hackern in Unternehmensnetzwerken identifiziert wird![16] So lange gelingt es den Angreifern, in der Regel sich mehr oder weniger ungestört den Vollzugriff auf Computersysteme einzurichten.

APT Angriffe, also **Advanced Persistent Threats**, stellen die Königsklasse der IT Angriffe auf Unternehmen dar.[17] Beobachtet und registriert werden die Angriffe seit ca. 2006.

Bei diesen handelt es sich um **nadelsticheartige, fortschrittliche, hartnäckige und maßgeschneiderte Angriffe** gegen ein Computersystem, bei dem kleinste Lücken und Schwachstellen gezielt gesucht und angegriffen werden.

Die Angriffe sind stets **sehr gut vorbereitet**, **auf Langfristigkeit angelegt** und dienen dazu, durch den **vollständigen Systemzugriff** auf alle Daten zugreifen zu können. Wenn möglich, versuchen sich die Täter durch Systemänderungen augenscheinlich legitime und dauerhafte Identitäten im System anzulegen, die nur schwer und mit erheblichem Aufwand als Falsifikate identifiziert werden können.

Die **längste** bisher festgestellte **Verweilzeit** einer APT Kompromittierung lag bei **4 Jahren und 10 Monaten**.[18] Die **größte** bisher abgeschöpfte **Datenmenge** lag bei **6,5 Terabyte** in einem Zeitraum von 10 Monaten.[19]

Betrachtet man diese Daten, bekommen aktuelle Gerichtsentscheidungen eine andere Bedeutung: Der **BGH** hat im Jahr 2014 zur **Speicherung von IP-Adressen zur**

---

[16] *Mandiant*, Beyond the breaches, S. 3.

[17] Teilw. auch in *Geschonneck*, S. 15.

[18] *Mandiant*, APT 1, S. 21.

[19] *Mandiant*, APT 1, S. 25.

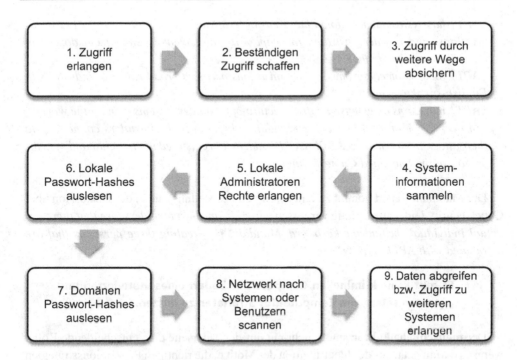

**Abb. 3.4** Ablauf APT

**Vermeidung von Störungen** entschieden, dass „ein Internet-Zugangsprovider (,) die von seinen Kunden verwendeten IP-Adressen für eine Frist von 7 Tagen nach dem Ende der jeweiligen Internetverbindung" speichern darf.[20] In Anbetracht der langen Verweilzeiten von Schadsoftware und der in dieser Zeit laufenden Kommunikation zum Angreifer mit ständig wechselnden Rückmeldewegen, schränken Entscheidungen wie die hier zitierte **forensische Ansätze** erheblich ein.

Der **Ablauf eines derartigen Angriffs** wird in Abb. 3.4 schematisch abgebildet.

APT Angriffe werden regelmäßig Nachrichtendiensten oder nachrichtendienstlich angebundenen Organisationen zugerechnet. Im sog. **APT1 Report** beschreibt *Mandiant* die APT Attacken chinesischer Einrichtungen sehr umfassend und kommt dabei u.a. zu folgenden Feststellungen[21]:

- *„APT1 is believed to be the 2nd Bureau of the People's Liberation Army (PLA) General Staff Department's (GSD) 3rd Department (总参三部二局), which is most commonly known by its Military Unit Cover Designator (MUCD) as Unit 61398 (61398部队)."*

---

[20] BGH, Urteil v. 03.07.2014, Az. III ZR 391/13, Link: http://tlmd.in/u/1502

[21] *Mandiant*, APT 1, S. 3ff.

- *„APT1 has systematically stolen hundreds of terabytes of data from at least 141 organizations, and has demonstrated the capability and intent to steal from dozens of organizations simultaneously."*
- *„APT1 focuses on compromising organizations across a broad range of industries in English-speaking countries."*
- *„APT1 maintains an extensive infrastructure of computer systems around the world."*
- *„In over 97 % of the 1,905 times Mandiant observed APT1 intruders connecting to their attack infrastructure, APT1 used IP addresses registered in Shanghai and systems set to use the Simplified Chinese language."*

Der Mandiant Report kommt zu einer weiteren Feststellung, die in der Diskussion über Cybersecurity leider allzu häufig vergessen wird: *„In an effort to underscore that there are actual individuals behind the keyboard, Mandiant is revealing three personas that are associated with APT1 activity."*

> ▶ **Es gibt keine kriminellen Computer! Es bedarf eines motivierten und potenten Täters, um Computer für Straftaten zu nutzen.**

Der **menschliche Faktor** spielt nicht nur auf der Täterseite eine entscheidende Rolle, wenn es darum geht, aus der Identifikation der Motive, die richtigen Präventionsstrategien zu erarbeiten. Auch auf der Opferseite hat die Betrachtung der menschlichen Komponente eine entscheidende Indikation.

APT Angriffe werden regelmäßig mit Social Engineering Angriffen kombiniert. Vor allem **Inhaber privilegierter Accounts** (v.a. Systemadministratoren) werden in den ersten Phasen eines APT Angriffs gezielt aufgeklärt und ausgespäht. Hierbei wird z. B. das Kommunikationsverhalten in Sozialen Medien beobachtet, um gezielte IT Angriffe zu starten.

---

**Fallbeispiel: Karten für das Sportevent**

Der Systemadministrator eines großen Unternehmens tauscht sich in sozialen Netzwerken mit Freunden darüber aus, dass er über ein Mitarbeiterportal an vergünstigte Karten für einen Sportevent kommen kann. Er sagt zu, am nächsten Morgen einmal zu schauen wie viel die Karten kosten und sodann Karten zu bestellen.

Am nächsten Morgen besucht er die extern gehostete Seite, die erhebliche Sicherheitslücken aufweist. Zuvor haben die Angreifer einen Schadcode injiziert, der gezielt auf den Besuch des Systemadministrators wartet.

> ▶ **APT Angriffe können Sie nicht selber aufklären! Nutzen Sie den Rat externer, forensischer Experten und den der zuständigen Behörden!**

Zielgerichtete, gut geplante und mit großer Präzision geführte Angriffe auf IT Systeme stellen die größte Bedrohung für Unternehmen dar. Sicherheitsfachleute sind beunruhigt, dass zukünftig die **Datenmanipulation** eine größere Rolle spielen wird, als der Datendiebstahl. Das CIA geht von folgendem Szenario aus: *„Most of the public discussion regarding cyber threats has focused on the confidentiality and availability of information; cyber espionage undermines confidentiality, whereas denial of service operations and data deletion attacks undermine availability. In the future, however, we might also see more cyber operations that will change or manipulate electronic information in order to compromise its integrity (i.e., accuracy and reliability) instead of deleting it or disrupting access to it."*[22] *„Decision making by senior government officials (civilian and military), corporate executives, investors, or others will be impaired if they cannot trust the information they are receiving."*[23]

## 3.5.2  IT Angriffe durch Innentäter

Innentäter gefährden unternehmenseigene Systeme in einem überproportionalen Ausmaß. Sie können sowohl als aktiver Täter eigenständig Unternehmenswissen entwenden bzw. durch Insiderwissen Angriffe unterstützen bzw. ermöglichen.

**Privilegierte User** in den Unternehmen (exempl. Administratoren) können für Angreifer Zugangsmöglichkeiten aktiv schaffen oder bestehende Sicherheitsvorkehrungen öffnen, um Angreifern, Zugriff auf Systeme zu ermöglichen. Hierbei kann es sich sowohl um Innentäter i.c.S., als auch um Innentäter i.w.S., also vor allem beauftragte Dienstleister handeln.

Darüber hinaus können Innentäter tatrelevante **Informationen unmittelbar und selber erlangen**. Jeder Mitarbeiter der Zugriff auf Daten hat, kann diese grundsätzlich missbräuchlich verwenden. Hierzu bedarf es regelmäßig keines privilegierten Accounts sondern es reichen die üblichen Rechte und Rollen aus. Wer Zugriff auf die geheime Stammdatenbank der Kunden hat, kann diese kopieren und weitergeben.

In beiden Fällen ist es wichtig, Risikopotentiale und Schwachstellen zu identifizieren. Die hohe Vulnerabilität unserer IT Systeme muss ein gravierendes Umdenken beim Umgang mit internen Bedrohungspotentialen zur Folge haben.

---

[22] http://www.defenseone.com/threats/2015/09/next-wave-cyberattacks-wont-steal-data-theyll-change-it/120701/

[23] a.a.O.

## 3.6   Zwischenfazit

**Conclusion**

- Die Methoden nachrichtendienstliche Wirtschaftsspionage zu begehen sind mannigfaltig. Das wirksamste Vorgehen erfolgt stets nach intensiver Vorbereitung im Sinne des sog. **„Intelligence Circles"**.
- Zum Einsatz kommen vor allem **Informationsgewinnungsmethoden** der Open Source Intelligence (OSINT), Human Intelligence (HUMINT) und der Signal Intelligence (SIGINT) Die größte Gefahr für die Opfer liegt in der Kombination der Methoden.
- **OSINT** ist die Recherche in öffentlich zugänglichen Quellen. Aufgrund der schieren Unendlichkeit verfügbarer Informationen im Worldwide Web, können Angreifer mit einfachen Recherchemethoden oder sog. Google Hacks eine Vielzahl relevanter Daten ohne direkte Kompromittierung erheben.
- Beim **HUMINT** steht der Mensch im Mittelpunkt der Recherche. Mittels Social Engineering werden die Opfer arglistig getäuscht und gegen ihren Willen ausgeforscht. Ob es sich dabei tatsächlich um ein neues Phänomen handelt, oder altbekannte Vorgehensweise, muss zumindest diskutiert werden.
- **SIGNAL** zielt auf die Infektion elektronischer Datenverarbeitungssysteme mit Schadprogrammen, um den Schutz von Daten aufzuheben und sie für den Angreifer verfügbar zu machen. Nachrichtendienste besitzen die wirtschaftlichen und personellen Ressourcen, um mittels sog. APT Attacken nadelstichartig Unternehmensnetze zu unterwandern, die eigene Identität zu verschleiern und uneingeschränkten Zugriff auf Unternehmensdaten zu erlangen.
- Die Vulnerabilität von Unternehmen erhöht sich exponentiell, wenn **Innentäter** aktiv werden, da diese bereits über tatrelevante Hintergründe verfügen und die skizzierten Informationsgewinnungsmethoden passgenau anwenden können.

# Rechtliche Einordnung

4

> *„Der Begriff der „Wirtschaftsspionage" ist kein Rechtsbegriff;*
> *er beschreibt lediglich einen Phänomenbereich."*
> *(Bundesregierung 2014)*

## Zusammenfassung

Spionage und unternehmerischer Ausspähung sind phänomenologisch und tatsächlich verzahnt, rechtlich jedoch unterschiedlich zu beurteilen.

Während die zentrale Strafvorschrift gegen Spionage den Staat schützt, garantieren die relevante Schutzvorschrift gegen unlauteren Wettbewerb die wirtschaftliche Konkurrenzfähigkeit der Unternehmen. Die Schutzvorschriften der Computerdelikte bezwecken, die Integrität und Verfügbarkeit von Daten und datenverarbeitenden Systemen zu garantieren.

In diesem Kapitel werden Normen zum Schutz vor unlauterem Wettbewerb und vor staatlicher Wirtschaftsspionage umfassend und einige zentrale Vorschriften aus dem Computerstrafrecht summarisch dargestellt. Ebenso wird eine rechtliche Einordnung des Social Engineerings vorgenommen.

Unternehmen können einen Beitrag leisten, um straf- oder zivilrechtliche Konsequenzen wahrscheinlicher zu machen. Hierzu gehört die Klassifizierung ebenso wie die Dokumentation von Pflichten oder die Vorbereitung forensischer Analysen.

© Springer Fachmedien Wiesbaden 2016
D. Fleischer, *Wirtschaftsspionage*, DOI 10.1007/978-3-658-11989-8_4

## 4.1    Differenzierung nach Schutzbereichen

Die Differenzierung der Schutzbereiche sanktionierender Normen ist Teil der sog. **Schutzzwecklehre**. Diese beinhaltet die Feststellung, dass *„jemand durch eine Tat nur dann verletzt sein [kann], wenn seine Rechte durch die [angeblich] übertretene Norm – jedenfalls auch – geschützt werden sollen."*[1]

Die Differenzierung der Schutzbereiche ist für die rechtliche Bewertung des jeweiligen Handelns maßgeblich. Durch den oftmals operativen und umgangssprachlich geprägten Umgang mit Begriffen wie „Industriespionage" ist es erforderlich, die Handlungen rechtlich eindeutig zuzuordnen. Außerdem ist die Unterscheidung maßgeblich, wenn es darum geht, die **Motivationslage des Innentäters**, also seine Absicht bzw. seinen Vorsatz herauszuarbeiten. Ging es ihm darum, den Nachrichtendienst eines fremden Staats zu unterstützen oder einem konkurrierenden Mitbewerber einen Vorteil zu verschaffen? Wie darzustellen sein wird, kann ein Unternehmen nicht durch eine nachrichtendienstliche Ausspähung i.S.d. § 99 StGB geschädigt sein, wenngleich Ausspähungen des Unternehmens den Tatbestand verwirklichen.

Nur der Vollständigkeit halber sei erwähnt, dass die Frage nach dem Schutzbereich keinen Einfluss auf die **Anzeige** eines Delikts bei den **Strafverfolgungsbehörden** hat. Selbstverständlich kann auch ein Unternehmen den Verdacht einer nachrichtendienstlichen Agententätigkeit anzeigen.

### 4.1.1    Schutzbereich der „Wirtschaftsspionage"

Zentraler Tatbestand zum Schutz vor nachrichtendienstlicher Agententätigkeit ist § 99 StGB – Geheimdienstliche Agententätigkeit – . Diese, dem 2. Abschnitt des Strafgesetzbuches zugeordnete Straftat, bezweckt den **Schutz der Souveränität der Bundesrepublik Deutschland**, da *„jegliche Tätigkeit für einen fremden Geheimdienst die abstrakte Gefahr des Verrats von Staatsgeheimnissen begründet"*[2] und bereits im Ansatz konsequent abzuwehren ist. *„Als klassische Landesverratsvorschriften wollen sie eine Schwächung der äußeren Sicherheit der Bundesrepublik Deutschland abwehren und sind „geborenes" Staatsschutzstrafrecht."*[3]

§ 99 StGB betont dabei nicht explizit die Erlangung von **Staatsgeheimnissen**, sondern umfasst jegliche Informationsgewinnung durch einen fremden, ausländischen Nachrichtendienst. Während die § 95 ff. StGB auf ein Staatsgeheimnis abzielen, das es zu erlangen gilt, ist § 99 StGB mehr oder weniger „inhaltsungebunden", da es hier nicht um die Qualität der Information sondern um die Qualität der Ausforschung geht.

---

[1] OLG Stuttgart, Beschluss vom 28. Juni 2013, Az. 1 Ws 121/13.

[2] *Schönke/Schröder*, §§ 99 StGB, Rdnr. 1.

[3] *Lampe/Hegemann*, Vorbemerkungen zu §§§ 93 ff., Rdnr. 1.

Um den **Fortbestand des Staates vor jeglicher Form nachrichtendienstlicher Unterwanderung** zu schützen, begründet § 99 StGB ein „*(Strafbedürfnis, wenn der Täter [sich]) in einen fremden Geheimdienst eingegliedert hat und für diesen tätig ist (vgl. Lackner ZStW 78, 711) oder sich auch nur durch aktive Mitarbeit in die Bestrebungen des Geheimdienstes einspannen lässt, sofern er dabei „geheimdienstlich" vorgeht.*"[4] Im Kern ist § 99 StGB ein „*abstraktes Gefährdungsdelikt*",[5] das beinhaltet, dass eine nachrichtendienstliche Agententätigkeit nach § 99 StGB **immer die Gefahr des Verrats von Staatsgeheimnissen** mit sich bringt. (vgl. Abschn. 4.3)

### 4.1.2  Schutzbereich der „Wirtschaftsausspähung"

Mit den **zentralen Schutzvorschriften des Gesetzes gegen den unlauteren Wettbewerb** wird „*primär das subjektive Interesse des Inhabers eines Unternehmens an der Wahrung der Vertraulichkeit von Geschäftsleben und im Wettbewerb wichtigen Informationen*"[6] garantiert. Hierdurch soll der **wirtschaftliche Fortbestand und die Existenz** sowohl des Unternehmens, als auch der dazugehörigen Arbeitsplätze gesichert werden. Daneben wird zudem das „*Interesse der Allgemeinheit an einem nicht durch Mittel des Verrats von Geschäftsgeheimnissen beeinflussten unverfälschten Wettbewerb*"[7] geschützt.

### 4.1.3  Schutzbereich der „Computerdelikte"

Die zentralen Vorschriften zum Schutz vor sog. Computerdelikten sichern die Integrität der genutzten Systeme und der in diesen verarbeiteten Daten. Unterschieden werden hierbei **echte und unechte Computerdelikte**.[8] Echte Computerdelikte sind Straftaten, die ohne die Verwendung eines Computers nicht denkbar wären. Unechte Delikte „*umfasst überkommene Delikte, die auch in anderem, nicht computerspezifischen Zusammenhang begangen werden.*"[9]

---

[4] *Schönke/Schröder*, §§ 99 StGB, Rdnr. 1a.

[5] *Ellbogen*, §§ 99 StGB; so auch *Schönke/Schröder* zu §§ 99, *Lampe/Hegmann* zu §§ 99 StGB, Rdnr. 3.

[6] *Wabnitz/Janovsky/Dannecker/Bülte/Möhrenschlager*, Absatz II, Rdnr. 4.

[7] *Wabnitz/Janovsky/Dannecker/Bülte/Möhrenschlager*, Absatz II, a.a.O.

[8] *Wehner*, Kap. IV, lit. B.

[9] *Wehner*, a.a.O.

Der Schutzbereich der **echten Computerdelikte** beinhaltet regelmäßig den **Schutz der Integrität elektronischer Daten und Systeme** vor unberechtigter Nutzung durch Dritte.[10] Gesichert werden soll vor der unberechtigten Einsichtnahme, Weitergabe oder auch der Manipulation technischer Systeme.

Da es sich bei den **unechten Delikten** um klassische Schutzvorschriften handelt, die unter Verwendung von IT Systemen verletzt werden (Bsp.: Computerbetrug = Betrug mittels technischer Mittel), gelten hier die Schutzbereiche der Grundnormen, z. B. der Vermögensdelikte.

Abbildung 4.1 liefert eine Übersicht der unterschiedlichen Schutzbereiche der relevanten Strafvorschriften.

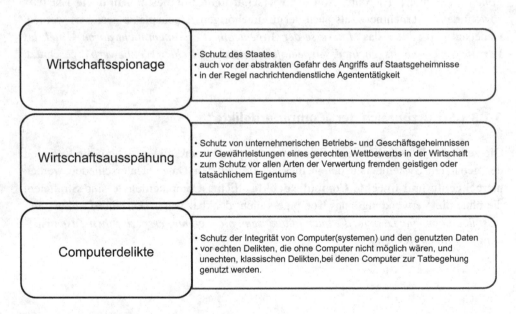

**Abb. 4.1** Unterscheidung nach Schutzbereichen

---

[10] Als Teil des allgemeinen Persönlichkeitsrecht aus Art. 2 II GG; vgl. hierzu BVerfGE vom 27.02.2008 – 1. Leitsatz.

## 4.2    Tatbestandliche Voraussetzungen der Wirtschaftsausspähung

§ 17 UWG – Verrat von Geschäfts- und Betriebsgeheimnissen – sanktioniert seit 1896,[11] das rechtswidrige Beschaffen von „*Unternehmensgeheimnissen*"[12] durch Innen- und Außentäter. Während Absatz 1 sich an den Innentäter[13] i.e.S. („*Bei einen Unternehmen beschäftigte Person….*") wendet, sanktioniert Absatz 2 zusätzlich auch das Verhalten von Personen, die außerhalb des angegriffenen Unternehmens stehen.

Qualifizierungen enthält der Straftatbestand dadurch, dass das gewerbsmäßige Handeln, sowie die Verwertung der rechtswidrig erlangten Information, im Ausland strafverschärfend wirken. Hierbei ist bereits der Versuch unter Strafe gestellt.

### 4.2.1   Betriebs- und Geschäftsgeheimnisse

„*Als Betriebs- und Geschäftsgeheimnisse werden alle auf ein Unternehmen bezogene Tatsachen, Umstände und Vorgänge verstanden, die nicht offenkundig, sondern nur einem begrenzten Personenkreis zugänglich sind und an deren Nichtverbreitung der Rechtsträger ein berechtigtes Interesse hat. Betriebsgeheimnisse umfassen im Wesentlichen technisches Wissen im weitesten Sinne; Geschäftsgeheimnisse betreffen vornehmlich kaufmännisches Wissen. Zu derartigen Geheimnissen werden etwa Umsätze, Ertragslagen, Geschäftsbücher, Kundenlisten, Bezugsquellen, Konditionen, Marktstrategien, Unterlagen zur Kreditwürdigkeit, Kalkulationsunterlagen, Patentanmeldungen und sonstige Entwicklungs- und Forschungsprojekte gezählt, durch welche die wirtschaftlichen Verhältnisse eines Betriebs maßgeblich bestimmt werden können.*"[14]

Um unternehmensbezogene Information als Betriebs- oder Geschäftsgeheimnis zu qualifizieren, sind nach allgemeiner Auffassung folgende Elemente wesentlich: Beziehung der Information zum Unternehmen, Nichtoffenkundigkeit, Geheimhaltungswille und Geheimhaltungsinteresse.[15]

---

[11] *Wabnitz/Janovsky/Dannecker/Bülte/Möhrenschlager*, Absatz II, Rdnr. 2m.w.N.

[12] *Wabnitz/Janovsky/Dannecker/Bülte/Möhrenschlager* verwenden den Begriff „Unternehmensgeheimnis als Oberbegriff für Betriebs- und Geschäftsgeheimnisse. Absatz II, Rdnr. 2.

[13] Hierunter fallen alle Beschäftigten eines Unternehmens unabhängig von der jeweiligen Qualifikation des konkreten Aufgabenbereichs. Also vom Pförtner bis zum Vorstand alle. (vgl. *Wabnitz/ Janovsky/Dannecker/Bülte/Möhrenschlager*, Absatz II, Rdnr. 11, so auch Harte-*Bavendamm/Henning-Bodewig* mit Bezug auf Mes, §§ 17 UWG, Rdnr. 8).

[14] BVerfG, Beschluss vom 14. März 2006, Az. 1 BvR 2087/03.

[15] *Harte-Bavendamm/Henning-Bodewig* mit Bezug auf Mes, §§ 17 UWG, Rdnr. 1 ff.

**Unternehmensbezogenheit**: Das Gedankengut ist fest mit einem bestimmbaren Unternehmen verbunden und bedeutet bei Verlust konkrete Nachteile für dieses. Informationen aus dem privaten Umfeld des Unternehmensinhabers ohne betriebliche Indikation fallen nicht hierunter.[16]

**Nichtoffenkundigkeit**: *„Offenkundigkeit tritt erst dann ein, wenn die Kenntnis der betreffenden Tatsache auf normalem Weg allgemein erlangt werden kann, der Gegenstand also beliebigem Zugriff preisgegeben ist."* [17] Das Unternehmensgeheimnis darf nicht förmlich wie ein offenes Buch für jedermann einsehbar sein. Verlangt werden eine gewisse qualitative Härtung gegen allzu leichtes Identifizieren sowie eine quantitative Begrenzung des Kreises, der die Information kennt.[18]

Der BGH[19] führt hierzu aus: *„Anders als das Berufungsgericht meint, ist auch die Auswahl und Zusammenstellung veröffentlichter Studien und Informationen zu einem bestimmten Zweck nicht schon deshalb ohne weiteres als Betriebsgeheimnis für den Betriebsinhaber schützenswert, weil sie auf einer nicht „auf dem freien Markt" erhältlichen wissenschaftlichen Leistung beruht. Es kommt nicht darauf an, ob die in einer bestimmten Dokumentation enthaltene Zusammenstellung in dieser Form „als Paket" erworben werden kann. Für die Qualität als Betriebsgeheimnis ist vielmehr entscheidend, ob die Zusammenstellung der veröffentlichten Unterlagen einen großen Zeit- oder Kostenaufwand erfordert (vgl. BGH, Urteil vom 13. Dezember 2007 - I ZR 71/05, GRUR 2008, 727 Rn. 19 = WRP 2008, 1085 – Schweißmodulgenerator; GRUR 2009, 603 Rn. 13 – Versicherungsuntervertreter, mwN)"*

**Geheimhaltungswille**: Der Wille eine unternehmensbezogene Information zu schützen *„unterscheidet das Geheimnis vom bloßen unbekannten einer Tatsache.*[20]*"* Zwar wird im Schrifttum nicht auf die explizite Kennzeichnung (z. B. mit dem Aufdruck „Vertraulich") eines Schriftstücks oder sonstigen verkörperten Unternehmensgeheimnisses hingewiesen, gleichwohl kann durch diese Maßnahme der Geheimhaltungswille eindeutig zum Ausdruck gebracht werden. Ansonsten wird im Zweifel überwiegend davon ausgegangen, dass *„sich jeder durchschnittlich gewissenhafte Arbeitnehmer darüber im Klaren sein [muss], dass im Zweifel alle innerbetrieblichen Kenntnisse und Vorgänge, deren Existenz im Betrieb der Außenwelt unbekannt sind und die einen Einfluss auf die Position des Unternehmens im Wettbewerb haben können, nach dem Willen des Betriebsinhabers geheim zu halten sind.*[21]*"*

---

[16] *Wabnitz/Janovsky/Dannecker/Bülte/Möhrenschlager*, Absatz II, Rdnr. 9.

[17] *Harte-Bavendamm/Henning-Bodewig*, §§ 17 UWG, Rdnr. 3.

[18] *Harte-Bavendamm/Henning-Bodewig*, §§ 17 UWG, Rdnr. 4.

[19] BGH – I ZR 136/10 v. 23.02.2012 sog. MOVICOL-Zulassungsantrag.

[20] *Harte-Bavendamm/Henning-Bodewig*, §§ 17 UWG, Rdnr. 5m.w.N.

[21] *Harte-Bavendamm/Henning-Bodewig*, §§ 17 UWG, Rdnr. 5.

▶ **Weisen sie Mitarbeiter explizit – auch aktenkundig – darauf hin, dass es sich bei bestimmten Unterlagen um Geschäftsgeheimnisse handelt. Dies spart langwierige Diskussion vor Gericht.**

**Geheimhaltungsinteresse:** Erst wenn das Unternehmensgeheimnis ein *„berechtigtes wirtschaftliches Interesse des Unternehmens an der Geheimhaltung"*[22] indiziert, wird aus einer schützenswerten und wichtigen Information ein geheim zu haltendes immaterielles Gut. Nach der sog. *Interessentheorie* ist dies der Fall, wenn die Information für die *„Wettbewerbsfähigkeit des Unternehmens von Bedeutung ist."*[23]

Problematisch bzw. ausgeschlossen wird die Anwendung des UWG in allen Fällen, in denen unternehmensbezogene Informationen erhoben werden, die unterhalb der Schwelle eines Geheimnisses liegen. Dies kann z. B. dann sein, wenn durch eine Vielzahl von Einzelinformationen ein Geheimnis identifiziert werden kann bzw. in der durch die im Vorfeld gelagerte Erhebung von unternehmensbezogenen Informationen der eigentliche Angriff auf ein Unternehmensgeheimnis vorbereitet wird.

**Fallbeispiel: Die Suche nach dem Geschäftsgeheimnis**

In der Absicht, ein einmaliges und marktbeherrschendes Produktionsverfahren eines Mitbewerbers zu identifizieren, beauftragt der Unternehmer XY die Detektei zu identifizieren, wer die wesentlichen Forscher und Entwickler des Verfahrens im Unternehmen sind, wo die Produktionsstätte liegt und wie sie gesichert wird sowie wie die Preismarge ist, die im Unternehmen einkalkuliert wird. Mit diesen Teilinformationen möchte er die Entscheidung treffen, ob es sich „lohnt" das Unternehmensgeheimnis zu einem späteren Zeitpunkt abzuschöpfen.

In diesen Fällen greift der strafrechtliche Schutz nicht. Dass es bei der Wirtschaftsausspähung jedoch oftmals um diese, nicht strafrechtlich geschützten Informationen geht, belegt die tägliche Unternehmenspraxis. Kompetierenden Unternehmen geht es nicht nur um die eine, vitale und geheime Information. Eine längerfristige Datensammlung, auch auf den ersten Blick unwichtiger Informationen, mit denen sich mosaikartig Unternehmensbilder und Unternehmensgeheimnisse zeichnen lassen, liegen deutlich öfter im Interesse der Angreifer.[24]

---

[22] *Harte-Bavendamm/Henning-Bodewig*, §§ 17 UWG, Rdnr. 6.

[23] *Wabnitz/Janovsky/Dannecker/Bülte/Möhrenschlager*, Absatz II, Rdnr. 10.

[24] so auch *Köhler* der eine umfassende Darstellung der lohnenswerten Unternehmensdaten und eine schlüssige Darstellung der Relevanz liefert (a.a.O., S. 52 ff.).

## 4.2.2   Täterkreis

Wie bereits angedeutet, kann als Täter i.S.d. § 17 (1) UWG nur der Innentäter i.e.S. in
Frage kommen. Hierbei wird der Begriff so *„weit ausgelegt, dass alle Beschäftigten eines
Unternehmens, einschließlich Vorstands- und Aufsichtsratsmitglieder einer AG sowie der
(auch faktische) Geschäftsführer einer GmbH (trotz der Regelungen in den §§ 404 AktG,
85 GmbHG) und Handelsvertreter als Angestellte nach § 84 II HGB, taugliche Täter sein
können.“*[25] Der Abschluss eines eigentlichen Dienstvertrages ist nicht erforderlich, auch
Leih- und Heimarbeiter[26] werden erfasst.“[27] Nicht betroffen sind freiberuflich Tätige,
externe Berater oder Wirtschaftsprüfer, die aus phänomenologischer Sicht als Innentäter
i.w.S. bedeutsam sind. Diese können jedoch als Teilnehmer an der Straftat im Rahmen der
Anstiftung (§ 26 StGB) oder Beihilfe (§ 27 StGB) in Frage kommen.[28]

§ 17 (1) UWG verlangt, dass dem Innentäter das Unternehmensgeheimnis anvertraut
wurde oder sonst für diesen zugänglich war. Hierunter fallen grundsätzlich alle Informationen, die der Täter während seines Beschäftigungsverhältnisse erfährt, da „anvertraut"
jegliche bewusste sowie legale und „zugänglich" ebenso jegliche zufällige oder auch
illegale Informationserlangung abdeckt.[29] In jedem Fall muss es ein Beziehungsdreieck
zwischen dem Innentäter, dem angegriffenen Unternehmen und dem Unternehmensgeheimnis geben.

Als Täter nach § 17 (2) UWG können neben dem Innentäter i.e.S. auch Innentäter
i.w.S. sowie jeglicher Externer, d.h. außerhalb des Unternehmens stehende, in Frage
kommen. *„Täter kann jedermann sein.“*[30]

---

[25] *Wabnitz/Janovsky/Dannecker/Bülte/Möhrenschlager*, Absatz II, Rdnr. 11, ebenso: *Harte-Baven-
damm/Henning-Bodewig* §§ 17 UWG, Rdnr. 8.

[26] Definition Leiharbeiter: Ein Leiharbeitsverhältnis liegt vor, wenn der Arbeitnehmer mit seiner
Zustimmung von dem Arbeitgeber (Verleiher), der mit ihm im eigenen Namen einen Arbeitsvertrag
geschlossen hat, an einen anderen Arbeitgeber (Entleiher) zur Erbringung von Arbeitsleistung
überlassen (ausgeliehen) wird. I.d.R. bedarf der Verleiher einer bes. Erlaubnis zur Arbeitnehmerüberlassung.  (Quelle:  http://wirtschaftslexikon.gabler.de/Definition/leiharbeitsverhaeltnis.html?re
ferenceKeywordName=Leiharbeitnehmer)

Definition Heimarbeiter: Personen, die in eigener Arbeitsstätte allein oder mit ihren Familienan-
gehörigen im Auftrage von Gewerbetreibenden oder Zwischenmeistern erwerbsmäßig arbeiten,
jedoch die Verwertung ihrer Arbeitsergebnisse dem Auftraggeber überlassen.(Quelle: http://wirt
schaftslexikon.gabler.de/Definition/heimarbeiter.html)

Wesentlich ist das beide Gruppen arbeitnehmerähnliche Personen sind und demzufolge dem
Unternehmen zuzurechnen sind.

[27] *Köhler/Bornkamm*, §§ 17, Rdnr. 14.

[28] so auch *Harte-Bavendamm/Henning-Bodewig* mit Bezug auf Mes, §§ 17 UWG, Rdnr. 8.

[29] *Wabnitz/Janovsky/Dannecker/Bülte/Möhrenschlager*, Absatz II, Rdnr. 12; *Köhler/Bornkamm*,
§§ 17, Rdnr. 15 ff.; *Harte-Bavendamm/Henning-Bodewig* mit Bezug auf *Mes*, §§ 17 UWG, Rdnr. 9.

[30] *Wabnitz/Janovsky/Dannecker/Bülte/Möhrenschlager*, Absatz II, Rdnr. 19.

## 4.2.3 Tathandlungen

Schematisch lassen sich die unterschiedlichen Tathandlungen wie folgt differenzieren:

| | Was? | durch wen? | Wie? auch: objektiver Tatbestand | Warum? auch: subjektiver Tatbestand |
|---|---|---|---|---|
| § 17 (1) UWG | Geheimnis**verrat** | aktiv beschäftigter Innentäter i.e.S. | Unbefugte Mitteilung an Dritte | Wettbewerbszweck Eigennutz Zugunsten Dritter Schädliche Absicht |
| § 17 (2) Nr. 1 UWG | Geheimnis**ausspähung** | aktiv beschäftigter oder beauftragter Innentäter i.e.S. und i.w.S. ehemalig beschäftigter oder beauftragter Innentäter i.e.S. und i.w.S. Jedermann | Unbefugtes Sicherverschaffen Sichern <u>mittels</u> techn. Mittel Herstellung einer verkörperten Wiedergabe Wegnahme einer verkörperten Wiedergabe | |
| § 17 (2) Nr. 2 UWG | Geheimnis**verwertung** | aktiv beschäftigter oder beauftragter Innentäter i.e.S. und i.w.S. ehemalig beschäftigter oder beauftragter Innentäter i.e.S. und i.w.S. Jedermann | Unbefugtes Verwerten Mitteilen <u>mittels</u> Geheimnis-ausspähung nach § 17 (2) Nr. 1 sonst unbefugt verschafft oder sichert | |

## 4.2.4  Geheimnisverrat

### 4.2.4.1 Objektive Tatbestandsseite der unbefugten Mitteilung

Eine **unbefugte Mitteilung eines Unternehmensgeheimnisses** liegt durch jede erdenkliche Form der Bekanntmachung gegenüber einem Dritten[31] während eines bestehenden Arbeitsverhältnisses ohne Vorliegen eines Rechtfertigungsgrundes vor.

Die Bekanntmachung kann **mündlich, schriftlich, konkludent**, durch Tun sowie auch durch Unterlassen erfolgen. Geeignet ist sie sobald sie *„irgendeine Verwertung oder Weitergabe des Geheimnisses durch den unmittelbaren Empfänger oder einen Dritten nach sich ziehen kann.*[32]*"*

Ein **Rechtfertigungsgrund** liegt regelmäßig vor, wenn der Geheimnisinhaber der Weitergabe zustimmt, der Täter z. B. bedroht oder erpresst wird und in Notwehr handelt (§ 32 StGB), ein rechtfertigender Notstand (§ 34 StGB) vorliegt o. ä.

Die Rechtfertigung spielt in jüngster Zeit u. a. im Zusammenhang mit der Weitergabe von Unternehmensgeheimnissen an Strafverfolgungsbehörden und Compliance Einrichtungen (z. B. Whistleblower Hotline[33]) eine Rolle. Bei herausragenden Unternehmensstraftaten kann sich für den Compliance Beauftragten eine Rechtspflicht ergeben, diese weiter zu geben.[34]

Fraglich wird in diesem Zusammenhang immer sein, ob durch die Handlung neben dem objektiven Tatbestand, auch der subjektive Tatbestand, also im weitesten Sinne eine schädliche Absicht, erfüllt ist.

### 4.2.4.2 Subjektive Tatbestandsseite des Vorsatzes der unlauteren Absicht

Der Täter muss mindestens mit bedingtem Vorsatz und in *„Kenntnis aller Merkmale des objektiven Tatbestandes"* die erlangten Informationen unlauter weitergeben.

---

[31] Dritter kann grundsätzlich jeder sein, unabhängig ob er die Mitteilung versteht oder nicht. Streitig ist, ob auch der Lockspitzel des Unternehmers unbefugter Dritter ist. Hierzu Wabnitz et al. m.w.N. in zu §§ 17 UWG, Rdnr. 13.

[32] *Harte-Bavendamm/Henning-Bodewig* mit Verweis auf OLG Hamm WRP 1959, 182 in zu §§ 17 UWG, Rdnr. 10.

[33] *Harte-Bavendamm/Henning-Bodewig* §§ 17 UWG, Rdnr. 11 mit zusätzlichen Ausführungen zum Zeugnisverweigerungsrecht etc.; ebenso: *Wabnitz/Janovsky/Dannecker/Bülte/Möhrenschlager,* Absatz II, Rdnr. 13; *Köhler/Bornkamm,* §§ 17, Rdnr. 21.

[34] vgl. Amtsgericht Berlin Az.: 38 Ca 12879/09 vom 18.02.2010.

▶ **Motive unlauterer Absicht im Sinne des Gesetzes gegen den unlauteren Wettbewerb (UWG)**

| | |
|---|---|
| • zu Zwecken des Wettbewerbs | Dem Täter kommt es darauf an, den *„eigenen oder fremden Wettbewerb zum Nachteil eines anderen Unternehmens zu fördern"* |
| • aus Eigennutz[35] | Dem Täter kommt es darauf an, einen persönlichen materiellen oder vergleichbaren immateriellen Vorteil zu erlangen |
| • zu Gunsten eines Dritten | Dem Täter kommt es darauf an, einen Dritten, z. B. auch den Nachrichtendienst eines anderen Staates, materiell oder auch immateriell zu begünstigen |
| • in der Absicht, dem Inhaber des Unternehmens Schaden zuzufügen | Der Täter handelt in der festen Absicht, dem anderen einen materiellen oder immateriellen Schaden – also eine Verschlechterung der gegenwärtigen Verhältnisse – zuzuführen |

## 4.2.5   Geheimnisausspähung

Anders als der Geheimnisverrat bedarf es für die Geheimnisausspähung keines gegenwärtig Beschäftigten sondern schlicht eines Jedermanns. Dieser kann im Sinne dieser Ausarbeitung auch Innentäter (vgl. Abschn. 2.3) sein.

Im Gegensatz zum Verrat wird hier bereits das **widerrechtliche Erlangen von Unternehmensgeheimnissen unter Strafe** gestellt. Dabei kommt es nicht darauf an, ob das Unternehmensgeheimnis auch tatsächlich verraten bzw. verwertet wird.[36]

Ausdrücklich erwähnt wird, das **Verschaffen** sowie das **Sichern** eines Unternehmensgeheimnisses. Hierunter sind alle Handlungen zu subsumieren, die sich darauf erstrecken, dass der Täter entweder tatsächlichen Gewahrsam über ein Geheimnis erlangt oder Kenntnis von unverkörperten Geheimnissen nimmt (jeweils verschaffen) bzw. eine *„schon vorhandene Kenntnis genauer oder bleibend verfestigt"*.[37]

---

[35] Hierzu u. a. das AG Reutlingen, dass in der Weitergabe unternehmensinterner Unterlagen im Rahmen einer Bewerbung den Tatbestand der §§ 17 UWG als nicht erfüllt ansah, da es dem Täter nicht darum ging seinen ehemaligen Arbeitgeber zu schädigen, sondern sich selbst attraktiver zu machen. (AG Reutlingen, Urteil vom 17.07.2014 – 9 Ds 22 Js 23818/12).

[36] *Harte-Bavendamm/Henning-Bodewig* §§ 17 UWG, Rdnr. 18 ff.; ebenso: *Wabnitz/Janovsky/Dannecker/Bülte/Möhrenschlager*, Absatz II, Rdnr. 20 ff. *Köhler/Bornkamm*, §§ 17, Rdnr. 29 ff.

[37] BGH – I ZR 136/10 v. 23.02.2012 sog. MOVICOL-Zulassungsantrag.

**Tab. 4.1** Tatmittel nach § 17 UWG

| | |
|---|---|
| Anwendung technischer Mittel | *„Einsatz aller im weitesten Sinne der Technik zuzurechnenden Vorrichtungen, die dem Sicherverschaffen oder Sichern.....dienen können.“* Klassisch: Fotokopieren Kopien auf HDD, USB, DVD etc. Fotografieren Abhören Aufzeichnen Einscannen Kompromittieren von Datenbanken |
| Herstellung einer verkörperten Wiedergabe des Geheimnisses | Jede Vergegenständlichung eines Geheimnisses, die dazu geeignet und bestimmt ist, das Geheimnis zu erfassen, damit es später weitergegeben oder verwertet wird Klassisch: Abschreiben Aufzeichnen Ausdrucken Fotoreproduktion (Kamera, Scanner, Kopierer) Nachbauten 3D-Ausdrucke |
| Wegnahme einer Sache, in der das Geheimnis verkörpert ist | Der Täter bricht fremden Gewahrsam an einer Sache und begründet eigenen Gewahrsam über das verkörperte Geheimnis Klassisch: Diebstahl von Unterlagen Einbruch in Registraturen und Wegnahme der aufgefundenen Unterlagen Wegnahme von einem anderen Schreibtisch |

Welche Angriffsmittel zur Anwendung kommen wird in Tab. 4.1 dargestellt.

Ebenso, wie bei der später noch zu skizzierenden Geheimnisverwertung, kommt es darauf an, dass der Täter die Informationen unbefugt abschöpft. Dies geschieht, wenn er nicht durch einen Arbeitsvertrag, eine Aufgabenzuweisung oder ähnliches explizit dazu befugt ist.[38] Von einer unbefugten Vorgehensweise ist überwiegend auszugehen, wenn er in der bereits beschriebenen schädlichen Absicht handelt (vgl. Abschn. 4.2.4.2).[39]

---

[38] *Wabnitz/Janovsky/Dannecker/Bülte/Möhrenschlager*, Absatz II, Rdnr. 24; *Köhler/Bornkamm*, §§ 17, Rdnr. 36.

[39] *Harte-Bavendamm/Henning-Bodewig*, §§ 17 UWG, Rdnr. 25; ebenso: *Wabnitz/Janovsky/Dannecker/Bülte/Möhrenschlager*, Absatz II, Rdnr. 24; *Köhler/Bornkamm*, §§ 17, Rdnr. 36 ff.

### 4.2.6  Geheimnisverwertung

Auch die Geheimnisverwertung kann durch Jedermann begangen werden. Die Vorschrift schützt vor der widerrechtlichen **Verwertung** und **Nutzung** des unberechtigt erlangten Wissens.

**Tatobjekt** ist ein Unternehmensgeheimnis, dass entweder durch Geheimnisverrat eines Mitarbeiters nach § 17 (1) UWG (vgl. Abschn. 4.2.4), Betriebsspionage nach § 17 (2) Nr. 2 UWG (vgl. Abschn. 4.2.5) oder in sonstiger unbefugter Art und Weise erlangt wurde.

Die Formulierung „*. . .oder sich sonst unbefugt verschafft. . .*" des § 17 (2) Nr. 2 UWG „*erfasst generalklauselartig jeden sonstigen Fall, in dem sich der Täter das Geheimnis zu Zwecken des Wettbewerbs, aus Eigennutz, zu Gunsten eines Dritten oder in Schädigungs-absicht unbefugt verschafft oder gesichert hat.*"[40] Die Palette der geeigneten dolosen Handlungen reicht von strafrechtlich relevanten (Diebstahl, Ausspähung von Daten etc.) bis hin zu vertragswidrigen (Verstöße gegen Arbeits- oder Werkverträge etc.) Handlungen, somit gegen jedwede Rechtsvorschrift verstoßende Handlung.[41]

Besondere Bedeutung gewinnt die Geheimnisverwertung für **Innentäter, die aus dem angegriffenen Unternehmen ausgeschieden** sind. Sofern sich diese in unredlicher Art und Weise während des Beschäftigungsverhältnisses Informationen über Unternehmens-geheimnisse verschafft haben, die sie im Anschluss an dieses verwerten oder Dritten mitteilen, erfüllen sie diesen Tatbestand.

Unredlich sind dabei Handlungen, die noch während des Beschäftigungsverhältnisses einen besonderen Vertrauensbruch gegenüber dem Arbeitgeber indizieren. Dies ist zum Beispiel der Fall, wenn der Innentäter gezielt Informationen außerhalb seines obligatorischen Arbeitsumfeldes erhebt, um diese später zu nutzen. Demnach hat sein Handeln „*keinen inneren Zusammenhang mit einer aus dem Arbeitsvertrag fließenden Pflicht zur Wahrung der Belange des Dienstherren.*[42]" Gleiches gilt, wenn der Arbeitnehmer eigenmächtig Abschriften anfertigt, Informationen auswendig lernt oder überlassene Unterlagen zurückhält.[43] Eine umfassende Darstellung denkbarer Tatbegehungsweisen mit zahlreichen Fallbeispielen ist bei *Wabnitz* et al. zu finden.[44]

▶ **Geheimhaltungsvereinbarungen in Arbeitsverträgen müssen obligatorischer Bestandteil sein!**

---

[40] Harte-Bavendamm/Henning-Bodewig §§ 17 UWG, Rdnr. 18 ff.

[41] *Harte-Bavendamm/Henning-Bodewig* §§ 17 UWG, Rdnr. 31.

[42] *Harte-Bavendamm/Henning-Bodewig* §§ 17 UWG, Rdnr. 32; Wabnitz/Janovsky/Dannecker/Bülte/Möhrenschlager, Absatz II, Rdnr. 26; Köhler/Bornkamm, §§ 17, Rdnr. 43 ff.

[43] *Harte-Bavendamm/Henning-Bodewig* §§ 17 UWG, Rdnr. 32.

[44] Wabnitz/Janovsky/Dannecker/Bülte/Möhrenschlager, Absatz II, Rdnr. 27.

Dem Innentäter muss es bei seiner Handlung nicht darauf ankommen, dass der Empfänger des Unternehmensgeheimnisses dieses auch tatsächlich wirtschaftlich verwertet.[45] Die bloße Möglichkeit, dass es zum Zwecke des wirtschaftlichen Erfolgs, des Wissens- oder Entwicklungsvorsprungs, aus schädlichen Motiven oder aus sonstigem Anlass einer zweckfremden Nutzung zugeführt wird, reicht aus, um von einer Verwertung auszugehen.[46] Soweit dies von seinem bedingten Vorsatz gedeckt ist, handelt er auch subjektiv tatbestandsmäßig.

Im Rahmen der Beweisführung kommt es darauf an nachzuweisen, dass es einen kausalen Zusammenhang zwischen Geheimnisverwertung und Informationsgewinnung durch den Innentäter gibt.

## 4.3  Tatbestandliche Voraussetzungen der Wirtschaftsspionage

Tatbestandsmäßig fällt das Ausspähen von Unternehmensdaten im Auftrag eines fremden Staates unter die geheimdienstliche Agententätigkeit nach § 99 StGB.

Hiernach handelt derjenige tatbestandsmäßig, der für den Geheimdienst einer fremden Macht eine nachrichtendienstliche Tätigkeit ausübt.

Wie bereits ausgeführt ist § 99 StGB der *„zentrale Agententatbestand"*,[47] da er nahezu jede geheimdienstliche Agententätigkeit, unabhängig von der erlangten Information unter Strafe stellt (vgl. Abschn. 4.1.1).

Die Agententätigkeit muss sich gegen die Bundesrepublik Deutschland richten. Dabei kommt es nicht darauf an, ob es sich um Staatsgeheimnisse, Rüstungsvorhaben, Regierungsplanungen o. ä. handelt. Entscheidend ist, ob die Information in *„irgendeiner Weise für das politische Verhalten der fremden Macht gegenüber der BRep. von Bedeutung sein"*[48] könnte.

Der BGH fordert, dass die angegriffenen Belange der Bundesrepublik Deutschland stets in einer gewissen Weise und Intensität erfolgen müssen, die nicht nur geringfügig ist. Dies ist regelmäßig dann der Fall, wenn sie strafrechtlich relevante Intensität erlangen.[49] Da Wirtschaftsspionage neben der staatsgefährdenden, auch einfache, strafrechtliche Konsequenzen hat, kann dies angenommen werden.

---

[45] *Harte-Bavendamm/Henning-Bodewig* §§ 17 UWG, Rdnr. 32; ebenso: Wabnitz/Janovsky/Dannecker/Bülte/Möhrenschlager, Absatz II, Rdnr. 26; Köhler/Bornkamm, §§ 17, Rdnr. 43 ff.

[46] *Harte-Bavendamm/Henning-Bodewig* §§ 17 UWG, Rdnr. 18 ff.; Wabnitz/Janovsky/Dannecker/Bülte/Möhrenschlager, Absatz II, Rdnr. 27; Köhler/Bornkamm, §§ 17, Rdnr. 48.

[47] *Schönke/Schröder*, §§ 99, Rdnr. 1.

[48] *Schönke/Schröder*, §§ 99, Rdnr. 18.

[49] BGH, Beschluss vom 22.12.2004 – 3 GBs 191/04/3 BJs 29/03/4.

Letztendlich fallen auch Tatobjekte außerhalb der Staatsorganisation unter den Schutzbereich und zwar, wenn die abgeschöpften Informationen gegen die Interessen der
Bundesrepublik Deutschland genutzt werden. Die liegt überwiegend bereits vor, *„wenn*
*staatliche Belange zumindest mittelbar berührt sind und die Bundesrepublik Deutschland*
*in ihrer funktionalen Stellung als politische Macht betroffen ist."*[50]

So können durch Wirtschaftsspionage erlangte Informationen durch eine fremde
Macht dazu genutzt werden, Wettbewerbs- und Standortvorteile zum Nachteil der deutschen Wirtschaft zu schaffen. Denkbar ist auch, dass bundesdeutsche Investitionsausga-
ben keinen Nutzen für die nationale Volkswirtschaft entwickeln, da das mühsam ent-
wickelte Know-how abgeschöpft und durch einen anderen Staat verwertet werden könnte.
*Jerouschek/Kölbel* gehen davon aus, dass die Belange der Bundesrepublik Deutschland
berührt werden, wenn sich die Handlungen gegen *„gesamtgesellschaftliche und nicht nur*
*partikulare Interessen richten, eine dafür hinreichende mittelbare staatliche Betroffenheit*
*wird man jedenfalls dann bejahen müssen, wenn die Ausforschung der jeweiligen Ge-*
*heimnisse privater Unternehmen im Einzelnen oder über die Summe der Fälle zu größeren*
*Verlusten bei Vertragsabschlüssen, Lizenzgebühren und Ähnlichem führt und dies über*
*fiskalische Einnahmen oder Arbeitsmarktlagen gesamtgesellschaftliche Bedeutung*
*erhält."*[51] Man kann durchaus so weit gehen, dass staatlich gelenkte Wirtschaftsspionage
als Sabotage an der deutschen Volkswirtschaft zu werten ist.[52]

Letztendlich bleibt nur noch festzuhalten, dass nachrichtendienstliche Agententätigkeit
auf dem Hoheitsgebiet der Bundesrepublik, die sich gegen ein ausländisches Unternehmen richtet, nicht unter § 99 StGB zu subsumieren wäre, da es am Tatbestandsmerkmal
„gegen die Interessen der Bundesrepublik Deutschland" fehlt.[53] Interessant ist die
Betrachtung vor dem Hintergrund der bekanntgewordenen Wirtschaftsspionage gegen
europäische Konzerne.

---

[50] BGH, Beschluss vom 20.01.2015 – 3 StR 551/14 (NJW 2015,2053).

[51] *Jerouschek/Kölbel*, S. 1602.

[52] *Schönke/Schröder* stellen fest, dass davon auszugehen ist, dass „*Wirtschafts- und Wissenschafts-*
*spionage*" dazu dienen können, außenpolitische Angriffe gegen die Bundesrepublik zu generieren.
(zu §§ 99, Rdnr. 21); BGH, Urteil vom 28.03.1963 – 9 StE 1/63 zu §§ 100e StGB in Verbindung mit
§§ 99 (1) StGB a.F., wonach ausgespähte Wirtschaftsinformationen kein Staatsgeheimnis darstellen,
wenngleich sie geeignet sind den Interessen der Bundesrepublik zu schaden. Dem „Wohl der
Bundesrepublik" schadet ein solcher Informationsabfluss überwiegend nicht, weshalb es sich nicht
um Staatsgeheimnisse handelt.

[53] Vgl. hierzu BGH, Beschluss vom 20.01.2015 – 3 StR 551/14 (NJW 2015,2053) zu den tatbe-
standlichen Grenzen der nachrichtendienstlichen Tätigkeit gegen ausländische Organisationen.

### 4.3.1  Geheimdienst einer fremden Macht

Der Begriff der fremden Macht wird grundsätzlich weit ausgelegt. So kommt es **nicht notwendiger Weise auf ein legitimiertes Organ eines fremden Staates** an. Denkbar sind auch Exilregierungen, aufständische Gruppen sowie zwischen- und multistaatliche Gruppierungen.[54] Entscheidend ist, dass die Gruppierung *„staatliche Funktionen"*[55] wahrnehmen.

Als Geheimdienst i.S.d. § 99 StGB ist eine *„Agentenorganisation zu verstehen, die sich mit dem Sammeln und Auswerten von Nachrichten befasst".*[56]

Problematisch wird diese Qualifizierung, wenn es um die **Verknüpfung zwischen staatlicher und unternehmerischer Ausspähung** geht (vgl. Abschn. 2.2). Unstreitig liegt eine solche Geheimdienstorganisation nicht vor, wenn – auch in staatseigenen Unternehmen – die Spionage von einer im geheimen agierenden Sicherheitsabteilung ausgeht. Anders sieht dies aus, wenn eine *„staatliche Organisation, (die) zu staatlichen Zwecken ausschließlich Wirtschaftsspionage betreibt"*[57] in Erscheinung tritt. Hierunter fallen auch Organisationen, die durch fremde Staaten zu Tarnzwecken errichtet werden sowie *„private Agentenringe",* wenn sie einer fremden Macht dienen.[58] *„Die Struktur und Organisation des Dienstes sind für die Tatbestandsmäßigkeit unerheblich, lediglich private Organisationen ohne staatlichen Auftrag scheiden aus."*[59] Auch *„mafiöse Strukturen"* kommen als *„privatrechtlich organisierte Beschaffungsnetze"* eines Geheimdienstes in Betracht.[60]

Bei der Zuordnung des Handelns kommt es im Wesentlichen auf die *„funktionale Betrachtung"*[61] an. Die nachrichtendienstliche Vorgehensweise einer staatlichen Tarnorganisation ist danach anzunehmen, wenn sie der Informationsbeschaffung zu Gunsten eines fremden Staates dient, diesem zuzurechnen ist und mittels klassischer, nachrichtendienstlicher Methoden stattfindet.

Die Beurteilung, ob dies der Fall ist, wird überwiegend schwer sein. Neben nachrichtendienstlichen Erkenntnissen über das Firmengeflecht fremder Staaten mit nachrichtendienstlichem Hintergrund gibt es kaum Quellen, die ein Geschädigter nutzen könnte. Die wenigen offenen Informationen über Firmennetzwerke fremder Geheimdienste sind sicherlich nur die Spitze des Eisbergs.

---

[54] *Schönke/Schröder,* §§ 93, Rdnr. 15 f.

[55] *Schönke/Schröder,* a.a.O.

[56] *Schönke/Schröder,* §§ 99, Rdnr. 5.

[57] *Schönke/Schröder,* a.a.O.

[58] *Schönke/Schröder,* §§ 99, Rdnr. 5 und 6; ebenso Lampe/Hegmann, §§ 99, Rdnr. 6.

[59] *Lampe/Hegmann,* §§ 99, Rdnr. 6.

[60] *Lampe/Hegmann,* §§ 99, Rdnr. 19.

[61] *Lampe/Hegmann,* §§ 99, Rdnr. 6.

▶ **Schaffen Sie klare Regeln über die Annahme von Belohnungen und Geschenken, Bewirtungen und die Teilnahme an Veranstaltungen.**

Noch problematischer ist es für den Innentäter, sein Handeln einer fremden Geheimdienstorganisation zuzurechnen, gerade dann, wenn diese legendiert in Erscheinung tritt.

## 4.3.2  Ausüben geheimdienstlicher Tätigkeit

Um jegliches staatsschädigendes Vorgehen einer fremden Macht auf dem Gebiet der Bundesrepublik Deutschland einzubeziehen, zielt § 99 StGB auf die konkrete Handlung zum Vorteil einer fremden Macht ab.

Wenig hilfreich ist die weitestgehend unbestimmte Definition einer geheimdienstlichen Tätigkeit. Geheimdienstlich ist eine **Tätigkeit**, wenn sie *„dem äußeren Bild entspricht, das für die Arbeit von Agenten und anderen Hilfspersonen solcher Dienste, die für nachrichtendienstliche Zwecke eingesetzt werden, kennzeichnend ist."*[62]

Eine wörtliche Interpretation dahingehend, dass nur das **konspirative, agentenmäßige, subversive oder in ähnlicher Weise verschleiernde Vorgehen,** dass sich stark an unsere kinogeprägte Vorstellung von Spionagetätigkeit orientiert, erfasst wäre, würde diesen Tatbestand ins Leere laufen lassen.[63]

Der BGH stellte bereits früh folgendes fest: *„Mit der den Tatbestand einschränkenden Einführung des Handlungsmerkmals „Ausüben einer geheimdienstlichen Tätigkeit" sollte insbesondere erreicht werden, daß Personen, die lediglich Objekt der Ausforschungstätigkeit eines fremden Geheimdienstes sind, von dem Straftatbestand nicht erfaßt werden."*[64] Das OLG Hamburg führt aus: *„Stets typische konspirative Methoden zu verlangen hieße, offene Bedienungen eines fremden Geheimdienstes mit seinen Erkundungszielen dienstlichem Materials straflos lassen."*[65] Trotz der Neufassung des § 99 StGB sind diese Auslegungen weiterhin maßgeblich.

Neben den bereits erwähnten Aspekten sprechen gegen die **Reduktion auf konspiratives Vorgehen** noch weitere Gründe: Zum einen weiß der Täter i. d. R. nicht, wie Geheimdienste vorgehen (sonst wären es kaum Geheimdienste) – woher soll er dann wissen, dass er geheimdienstliche Tätigkeiten ausübt. Zudem haben sich die Methoden der Geheimdienste – gerade durch die Anwendung der Informationstechnologie – weiterentwickelt und zu guter Letzt sind Methoden, die bisher als klassisches Geheimdienstvorgehen identifiziert wurden, heute für Jedermann recherchier- und anwendbar. Die Geheimdienste heutzutage setzen auf klassische Agentenmethoden ebenso wie auf die

---

[62] BGH, Urteil vom 05.07.1972 – 3 StR 4/71 II (Frankfurt) in NJW 1972, S. 1958.

[63] vgl. OLG Hamburg, Urteil vom 28.06.1988 – 1 OJs 11/87 in NJW 1989, S. 1371.

[64] BGH vom 05.07.1972 – 3 StR 4/71 II (Frankfurt) in NJW 1972, S. 1958.

[65] OLG Hamburg, Urteil vom 28.06.1988 – 1 OJs 11/87 in NJW 1989, S. 1371.

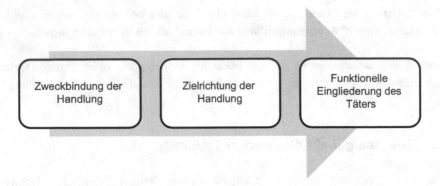

**Abb. 4.2** Geheimdienstliche Tätigkeit

sog. Open Source Intelligence (OSINT). Außerdem können Methoden der Human Intelligence (HUMINT) also z. B. das sog. Social Engineering per Videopodcast und Wochenendlehrgang schnell gelernt werden.

Die Folge ist, dass die Grenzen zwischen geheimdienstlicher und nicht offener Informationserhebung immer mehr **verschwimmen** und eine eindeutige Zuordnung schwieriger wird.

Der BGH fordert bei der Auslegung dieses Tatbestandsmerkmals eine über die wörtliche Interpretation hinausgehende **teleologische Interpretation**. Aus diesem Grund sind *„alle maßgeblichen Umstände der jeweiligen Sachverhaltsgestaltung in einer Gesamtwürdigung des Verhaltens des Betroffenen einzustellen; auf dieser Grundlage muss in wertender, am Normzweck ausgerichteter Betrachtung entschieden werden, ob das Geschehen dem Tatbestand des § 99 I Nr. 1 StGB zu subsumieren ist.“*[66]

Infolgedessen sind bei der Beurteilung der geheimdienstlichen Tätigkeit die in Abb. 4.2 dargestellten Hilfskriterien ausschlaggebend.

### 4.3.3  Zweckbindung der Handlung

Die Handlung des Täters muss bezwecken, eine Information in den Kenntnisbereich des fremden Geheimdienstes zu bekommen. Das bloße Sammeln von Informationen mit dem Ziel der späteren Weitergabe reicht nicht aus.[67] § 99 StGB wird geprägt durch *„die Zusammenarbeit des Täters mit dem fremden Geheimdienst und die Zweckrichtung der Tätigkeit.“*[68] So ist grundsätzlich weder die Quantität des Vorgehens, noch die Qualität

---

[66] BGH, Beschluss vom 09.05.2006 – StB 4/06, Rdnr. 5.

[67] *Schönke/Schröder*, §§ 99, Rdnr. 12.

[68] *Schönke/Schröder*, §§ 99, Rdnr. 8.

der Information oder die Art und Weise des Vorgehens entscheidend. Eine Ausnahme bilden einmalig Auskünfte durch den Täter. Bei diesen wird eine gewisse *„Erheblichkeit"* gefordert.[69]

Denkbar sind auch Handlungen durch Unterlassen, indem ein Täter die notwendigen Sicherheitsmaßnahmen z. B. bewusst außer Acht lässt und damit bezweckt, dass der Dienst auf Informationen zugreifen kann.

---

**Fallbeispiel: Bewusste Fehler**

Der Ingenieur lässt bewusst Unterlagen auf dem Schreibtisch seines Hotelzimmers liegen. Der Controller lässt den Laptop mit geöffnetem Excel Sheet in der Flughafen-lounge stehen und entfernt sich zum WC.

---

Bei all diesen Anmerkungen ist entscheidend, dass der Täter durch die Art und Weise seines konkreten Vorgehens versucht, die Information gezielt dem fremden Dienst zur Verfügung zu stellen.

Strebt der Täter z. B. danach durch konspiratives Vorgehen und Verschleiern einer allgemeinen Strafverfolgung (z. B. nach § 17 UWG) oder haftungsrechtlichen Konsequenzen vorzubeugen, liegt keine geheimdienstliche Tätigkeit vor.[70]

## 4.3.4  Zielrichtung der Handlung

Dem Täter muss **mindestens billigend bewusst** sein, dass er eine Information an einen fremden Geheimdienst weitergibt. Hierbei reicht aus, dass er die *„Möglichkeit in Kauf nimmt"*[71] mit seiner Handlung diesen zu unterstützen.

Notwendigerweise ist es hierzu erforderlich, dass der Täter entweder im direkten oder indirekten Kontakt zu dem jeweiligen Dienst steht. Dies kann sowohl durch eine **vorherige Kontaktaufnahme**, sog. „Anbahnung", als auch durch den Dienst unmittelbar oder durch sog. Mittelsmänner erfolgen.

Von einer Zielrichtung des Handelns ist auszugehen, wenn es sich um wiederholte und **regelmäßige Kontakte** handelt, die nicht von der typischen Zusammenarbeit geprägt sind.[72]

An diesem Punkt gilt ebenso, dass es eine Aufgabe der Beweiserhebung und -führung ist, die Zielgerichtetheit und Planmäßigkeit des Vorgehens unter Beweis zu stellen. Dem Täter müssen Handlungsschritte nachgewiesen werden, die indizieren, dass es ihm gerade

---

[69] *Schönke/Schröder*, §§ 99, Rdnr. 10 m.w.N.

[70] BGH, Beschluss vom 09.05.2006 – StB 4/06, Rdnr. 7; jedoch lediglich mit Verweis auf Straftaten außerhalb des II. Abschnitts des StGB.

[71] *Schönke/Schröder*, §§ 99, Rdnr. 11.

[72] BGH, Beschluss vom 09.05.2006 – StB 4/06, Rdnr. 7 und 8.

darauf ankam, das erlangte Wissen an einen fremden Geheimdienst weiterzureichen. Aus welchen Motiven er hierbei handelt, ist sekundär. In Frage kommt egoistisches, am persönlichen Vorteil ausgerichtetes Handeln ebenso wie ideologisch überzeugtes Handeln.

### 4.3.5  Funktionelle Eingliederung des Täters

Der Täter muss nicht organisatorisch in die Struktur des Geheimdienstes eingebunden sein.[73] Es reicht aus, wenn er faktisch eine Funktion in einem Teilprozess, z. B. der Informationsgewinnung, übernimmt. Eine explizite und formelle Übereinkunft über die Eingliederung ist nicht erforderlich, es genügt ein stillschweigendes Übereinkommen.[74] So kann auch der funktionell eingegliedert sein, der *„nur bei einmaliger Gelegenheit dem fremden Geheimdienst bewusst Mitteilungen von nachrichtendienstlichem Interesse macht.“*[75]

  Entscheidend ist, dass die Handlung des Täters kausal für den Informationsgewinn des Geheimdienstes war. Wäre ohne sein Zutun keine Informationsweitergabe erfolgt, so wäre nicht von einer Eingliederung auszugehen. Am besten mag das Sinnbild eines Räderwerks sein, in dem der Innentäter eines der ineinandergreifenden Zahnräder ist, ohne die der Gesamtmechanismus nicht funktionieren könnte.

### 4.4  Tatbestandliche Voraussetzungen der Computerdelikte

Diese Kapitel kann nur einen ersten, überwiegend **summarischen Überblick** über relevante Computerdelikte geben, die im Zusammenhang mit der Erlangungen unternehmensinternen Wissens durch Unberechtigte mittels informationstechnischer Systeme eine Rolle spielen können. Jedem Leser, der sich intensiver mit einzelnen Strafrechtsnormen im Bereich **Cybercrime** auseinandersetzen muss oder möchte, lege ich dringend ans Herz sich mit der umfangreichen und interessanten Literatur zu diesem Deliktfeld zu befassen. Die **zahlreichen Tatbegehungsweisen** (Skimming, Hacking, Spoofing, Identitätsdiebstahl, Hacktivismus, Carding etc.) eröffnen jeweils eine spannende und differenzierte Möglichkeit, sich mit der strafrechtlichen Relevanz auseinanderzusetzen.[76]

  Wie bereits zuvor geschildert, können die sog. Computerdelikte in echte und unechte unterschieden werden (vgl. Abschn. 4.1.3).

---

[73] (BGH vom 05.07.1972 – 3 StR 4/71 II (Frankfurt) in NJW 1972, S 1958, Leitsatz lit. a).

[74] BGH, Beschluss vom 09.05.2006 – StB 4/06, Rdnr. 6.

[75] *Schönke/Schröder*, §§ 99, Rdnr. 9.

[76] umfassend und sehr zu empfehlen *Kochheim*, Cybercrime und Strafrecht, 2015 (siehe Literaturverzeichnis).

Bei den echten Computerdelikten geht es i. d. R. darum, nach dem kompromittieren eines Computersystems *„Daten auszuspähen, abzufangen, zu löschen oder zu verändern, um das itS zu eigenen oder rein destruktiven Zwecken zu verändern."*[77]
Eine zusammenfassende Darstellung liefert Tab. 4.2.

## 4.4.1 Datenbegriff

§ 202a (2) StGB definiert legal was **Daten** im Sinne der überwiegenden Sanktionsnormen des Computerstrafrechts sind:

Daten sind *„nur solche, die elektronisch, magnetisch oder sonst nicht unmittelbar wahrnehmbar gespeichert sind oder übermittelt werden."*
Erfasst sind somit nur Daten, die in **nicht verkörperter Form** vorliegen. Es muss also bestimmter technischer Installationen bedürfen, um die Daten für den Nutzer sichtbar zu machen.[78] So fällt das handschriftlich festgehaltene und unter der Schreibtischunterlage „versteckte" Kennwort nicht unter den Schutzbereich z. B. des § 202 a StGB, wenn hingegen das im Handy des Nutzers in den Notizen „versteckte" Kennwort sehr wohl geschützt ist.

*Kochheim* geht davon aus, dass es sich bei der **bildlichen Darstellung von Daten auf einem Monitor** um elektronische, magnetische oder sonst nicht unmittelbar wahrnehmbare Informationen handelt, da die Darstellung auf dem Monitor nur eben durch diesen möglich ist. Daten auf Monitoren fallen hiernach in den Schutzbereich des Computerstrafrechts.

Ohne Belang ist, ob die Daten einen bestimmten oder bestimmbaren Wert verkörpern. Auch **wirtschaftlich „wertlose" Daten** fallen unter den Schutz des § 202a StGB und der Normen, die sich bei der Definition des Tatbestandmerkmals „Daten" auf diesen beziehen.

Die Daten müssen darüber hinaus **gespeichert oder übermittelt** werden. Damit grenzt sich das Strafgesetzbuch vom üblichen Verständnis der **Datenverarbeitung** im Sinne des BDSG ab. Das BDSG erfasst die Datenverarbeitung umfangreicher, da es nicht nur das Speichern und Übermitteln, sondern jede Form des Erhebens, Verarbeitens, Weitergebens etc. als Verarbeitungsschritte versteht. Praktische Relevanz erfährt diese Einschränkung z. B. wenn es darum geht, dass die Dateneingabe nicht explizit geschützt ist, wenn keine Speicherung oder Übermittlung mit dieser einhergeht.[79] Gespeichert werden Daten bereits schon, wenn sie im Arbeitsspeicher eines Computers nur temporär vorgehalten werden.[80]

---

[77] *Kochheim*, Cybercrime und Strafrecht, Rdnr. 428.
[78] *Fischer*, §§ 202a, Rdnr. 4.
[79] *Kochheim*, Cybercrime und Strafrecht, Rdnr. 430.
[80] *Graf* in Münchener Kommentar zum StGB, §§ 202a, Rdnr. 18.

**Tab. 4.2** Synopse Computerdelikte

| Norm | § 202a StGB | § 202b StGB | § 303a StGB | § 303b StGB | § 263a StGB |
|---|---|---|---|---|---|
| **Bezeichnung** | Ausspähen von Daten | Abfangen von Daten | Veränderung von Daten | Computersabotage | Computerbetrug |
| **Tatobjekt** | Daten i.S.d. § 202a StGB | | | fremde Datenverarbeitung von erheblicher Bedeutung erheblich stört | Ergebnis eines DV-vorgangs Vermögen eines anderen |
| **Tathandlung** | unberechtigtes Verschaffen für sich oder einen anderen<br><br>nicht für ihn bestimmte Daten zugriffsgeschützte Daten | unter Anwendung techn. Mittel aus nichtöffentl. Datenübermittlung aus elektromagnet. Abstrahlung einer DV-Anlage | rechtswidriges Löschen Unterdrücken Unbrauchbar machen Verändern | Datenveränderung (§303a) Eingabe oder -übermittlung v. Daten i.S.d. § 202a (2) DV-Anlage oder Datenträger zerstört, beschädigt, unbrauchbar macht, beseitigt od. verändert. | Vermögensschaden Opfer u Vermögensvorteil Dritter durch unrichtige Programmgestaltung Verw. unrichtiger od. unvollständiger Daten unbefugte Datenverwendung unbefugte Einflussnahme auf Abläufe |

**Tab. 4.3** Geschützte Daten echter Computerdelikte

| Sachverhalt | Geschütze Daten? |
|---|---|
| Notizzettel auf dem Schreibtisch mit Benutzerkennwort | Nein |
| Handyfoto vom Notizzettel mit dem Benutzerkennwort | Ja |
| Ausdruck einer Rezeptur | Nein |
| pdf-Datei einer Rezeptur auf USB Stick | Ja |
| Ablesen einer Rezeptur vom Bildschirm und telefonische Weitergabe an Konkurrenten | Ja |
| Druckanzeige auf einem mechanischen Steuerungssystem | Nein |
| Druckanzeige auf einem digitalen Steuerungssystems | Ja |

Hieraus ergibt sich eine mitunter nicht einfache Differenzierung, die ihre Schlüssigkeit erst über eine Befassung mit dem Schutzbereich der Computerdelikte erfährt (vgl. Abschn. 4.1.3) und in Tab. 4.3 exemplarisch dargestellt wird.

Mit Blick auf die Wirtschaftsspionagespionage durch einen Innentäter gewinnt die oben dargestellte Problematik Bedeutung, wenn es darum geht, einem Täter das **tateinheitliche Begehen mehrerer Straftatbestände** vorzuhalten.

Um es konkret zu machen: Ein Innentäter,der einen „geheimen" Temperaturwert von einem einfachen Thermometer abliest und an einen Konkurrenten weitergibt, begeht u. U. nur eine Straftat nach § 17 UWG; derjenige, der gleiches von einer elektronischen Steuereinheit abliest und per Mail weitergibt, begeht u. U. eine Straftat nach UWG in Tateinheit mit dem StGB. Da bei **Tateinheit** idealtypisch die schwerer zu gewichtende Straftat das Strafmaß bestimmt, ist dieser Umstand prozessual vertretbar.

### 4.4.2  Ausspähen und Abfangen von Daten

§ 202a und b StGB werden als sog. **Hackingparagraph** als zentrale Vorschrift gegen die missbräuchliche Entwendung von Daten verstanden.

Geschützt wird „*nicht nur der persönliche und Geheimbereich, sondern auch das (meist auch wirtschaftliche) Interesse des Verfügungsberechtigten, die in Daten, Dateien oder Datenbanksystemen verkörperten Informationen vor unberechtigtem Zugriff zu schützen, vor allem davor, dass Datenbestände und Programme durch Spionage ausgebeutet werden.*"[81]

**Tatgegenstand** sind Daten (vgl. Abschn. 4.4), die in Absatz 2 des § 202a StGB legal definiert werden.

---

[81] *Fischer*, §§ 202a, Rdnr. 2.

### 4.4.2.1 Ausspähen von Daten

Nach § 202a StGB handelt derjenige, der **unbefugt Daten**, die **nicht für ihn bestimmt** sind oder **gegen unberechtigten Zugriff besonders gesichert** sind, **sich** oder **einem anderen verschafft.**

Erfasst sind somit Daten, auf die der Angreifer **unberechtigt** zugreift. Die Daten müssen sich z. B. in einem Datenraum befinden, auf den der Täter nicht obligatorisch zugreifen darf. Sofern ihm im System Rechte und Rollen zugewiesen wurden, die einen Zugriff gestatten, muss grundsätzlich von einer bestimmungsgemäßen, d. h. befugten Verwendung ausgegangen werden. So gilt für **Arbeitnehmer,** dass diese grundsätzlich befugt auf Daten zugreifen, wenn diese ihnen *„im Rahmen ihrer Tätigkeit Datenzugänge eröffnet sind. Werden von ihnen Daten* zweckwidrig *abgerufen und/oder entgegen den Interessen des Arbeitgebers verwendet, bleiben diese dennoch für sie bestimmt."*[82] Eine **Strafbarkeit** nach § 202a StGB **scheidet** wegen fehlendem Tatbestand regelmäßig **aus.**

Anders sieht es für Personen aus, die qua Funktion auf Daten einzelner Mitarbeiter und damit u. U. Unternehmensinterna zugreifen können, da *„Daten auf Rechnern von Mitarbeitern in Unternehmen nicht automatisch für jeden bestimmt"*[83] sind. **IT-Dienstleiter oder interne Administratoren** dürfen nur zum Zwecke der Sicherstellung technischer Verfügbarkeit auf Daten Dritter zugreifen. Jegliche andere Nutzung wäre unberechtigt im Sinne der Regelung und damit tatbestandsmäßig.

Aus Sicht des Täters muss es sich um **fremde Daten** handeln.[84]

Alternativ kommt ein Datendiebstahl in Frage, wenn der Täter auf Daten zugreift, die gegen den unberechtigten Zugriff besonders gesichert sind. Der BGH fordert mit Bezug auf *Fischer* hier technische oder prozessuale Vorkehrungen, *„die den unbefugten Zugriff auf Daten ausschließen oder zumindest erheblich erschweren".*[85]

Nicht besonders gesichert sind z. B. Daten, die nur mit speziellen Geräten ausgelesen werden können. Wesentlich ist, dass der Zugriff auf die Daten *„unter Überwindung der Zugangssicherung"*[86] erfolgen muss. Durch die **Zugangssicherung** muss der Verfügungsberechtigte sein besonderes **Geheimhaltungsinteresse** an den geschützten Daten zum Ausdruck bringen. Als Sicherungsmöglichkeiten sind technische (von Programmierungen bis hin zu physischen Sicherungen) oder prozessuale Sicherungen (Zutrittsregelungen zu Serverräumen, 4-Augen-Prinzip, 2-Faktoren-Authentifizierung) denkbar.

**Passwörter** stellen i.Ü. nicht in jedem Fall eine Zugangssicherung dar. Es ist entscheidend, dass ein Passwort den Schutz vertraulicher Daten bezwecken muss und nicht nur die Hardware gegen unbestimmte Nutzung technisch absichert.[87] Sofern neben der

---

[82] *Graf* in Münchener Kommentar zum StGB, §§ 202a, Rdnr. 21.

[83] *Graf,* a.a.O.; mit weiteren Argumenten und Abgrenzungen.

[84] *Kochheim,* Cybercrime und Strafrecht, Rdnr. 449 und 487.

[85] BGH Beschl. vom 14.01.2010 – 4 StR 93/09.

[86] BGH Beschl. vom 14.01.2010 – 4 StR 93/09.

[87] *Kochheim,* Cybercrime und Strafrecht, Rdnr. 454 ff.

technischen Zugangssicherung auch der Schutz der Daten durch ein Passwort erfolgt, ist im Zweifelsfall von einer Zugangssicherung i.S.d. § 202a StGB auszugehen. Hierbei kommt es nicht darauf an, wie komplex das Passwort ist; auch bei einem einfachen und nicht allzu komplexen Passwort liegt grundsätzlich eine Zugangssicherung vor.[88]

▶ **Anmeldepassworte sind auch Ausdruck eines berechtigten Geheimhaltungswillens. Schützen Sie Ihre Systeme mit sinnvollen Zugangssicherungen.**

Die aus der beruflichen Praxis bekannte Forderung (oftmals von höheren Führungskräften) aus **Komfortgründen** auf Passwörter auf den individuellen Endgeräten zu verzichten, ist nicht nur grob fahrlässig, sie eliminiert mitunter auch strafrechtliche Konsequenzen gegen Angreifer.

Zudem ist mittels **Social Engineering** (vgl. Abschn. 3.3.1) eine Ausspähung von Daten durch Umgehung der Zugriffssicherung möglich. Ein externer Angreifer, der durch geschicktes Ausforschen an Benutzernamen und Kennwörtern von Administratoren gekommen ist und dadurch Daten abschöpft, kann nach § 202a StGB strafbar gehandelt haben.[89]

Die Überwindung der Zugriffssicherung muss **unberechtigt** erfolgen. Die Berechtigung zum **Zugriff definiert der Verfügungsberechtigte** der Daten. Ein externer Berater, der qua vertraglicher Regelung im Zusammenhang mit der wirtschaftlichen Beurteilung eines Joint Venture einen eingerichteten Datenraum nutzen darf, greift dann unberechtigt zu, wenn er dieses nach Abschluss seines Projektes aus Wettbewerbszwecken tut. Denn die Berechtigung ist durch den Verfügungsberechtigten an das Vertragsverhältnis gebunden.

Fischer stellt im Zusammenhang mit § 202b StGB fest, dass **ausländische Geheimdienste** *„weder zum Datenabfangen in Deutschland befugt"* sind, *„noch dazu von oder an deutsche gesandte Daten außerhalb des Territoriums der Bundesrepublik"*.[90] Gleiches ist auch bezogen auf das Ausspähen fremder Daten i.S.d. § 202a StGB zu schlussfolgern.

Als konkrete Tathandlung fordert § 202a StGB das **Verschaffen**. Diesen Begriff finden wir auch in § 17 UWG (vgl. Abschn. 4.2.3). Im Sinne des § 202a StGB *„bedeutet Verschaffen von Daten das Erlangen der tatsächlichen Herrschaft über die Daten, wobei dies entweder durch Besitzverschaffung am Ursprungs-Datenträger, durch Kopieren auf ein eigenes Speichermedium, durch Kenntnisnahme oder durch eine sonstige Aufzeichnung der Daten erfolgen kann."*[91]

---

[88] *Kochheim*, a.a.O. m.w.N.

[89] *Kochheim*, Cybercrime und Strafrecht, Rdnr. 461.

[90] *Fischer*, §§ 202b, Rdnr. 7.

[91] *Graf* in Münchener Kommentar zum StGB, §§ 202a, Rdnr. 50.

### 4.4.2.2 Abfangen von Daten

Das Abfangen von Daten umfasst Tathandlungen, bei denen Daten i.S.d. § 202a (2) StGB (vgl. Abschn. 4.4.1) unbefugt aus einer nichtöffentlichen Datenübermittlung oder aus einer elektromagnetischen Abstrahlung einer Datenverarbeitungsanlage erlangt („verschafft") werden.

**Nichtöffentliche Datenübermittlungen** sind alle Arten von Datentransfer, der mittels Übertragungswegen erfolgt, die technisch nicht für Jedermann zugänglich sind. Hierunter fallen Kommunikationsverbindungen aus Telefon-, Fax-, E-Mail- oder VPN-Netzen ebenso wie Kommunikation innerhalb abgeschlossener Unternehmensnetzwerke.[92] Unwesentlich ist, ob der Inhalt der Nachricht öffentlich oder nichtöffentlich ist. Ausschlaggebend ist der Übermittlungsweg.[93]

Die alternative Formulierung, dass das unberechtigte Verschaffen von Daten aus **elektromagnetischen Abstrahlungen** strafbar ist, referenziert auf Verfahren, bei denen die Daten nicht von (zwischen-)gespeicherten Medien abgegriffen werden, sondern unmittelbar an Ein- oder Ausgabegeräten. Dazu zählen Tatbegehungsweisen mittels **Hardware-Keylogger,** die zwischen Tastatur und Rechner angebracht werden und die Tastaturanschläge speichern ebenso wie das Abgreifen von Daten von Monitoren oder Bildschirmen.

Bezüglich des **unberechtigten Verschaffens von Daten** gelten die Ausführungen zu § 202a StGB (vgl. Abschn. 4.4.2.1).

Die Tat muss mittels **technischer Hilfsmittel** erfolgen. Dies sind nicht nur „technische Gerätschaften", sondern auch Programme, Codes, Passwörter oder Skripte.[94] *„In Betracht kommen hier vor allem sog. Sniffer-Tools, welche den Netzwerkverkehr kontrollieren und aufzeichnen, aber auch andere Softwaretools, welche Tastatur-, Monitor- oder Soundkartensignale abfangen und aufzeichnen."*[95]

### 4.4.3   Veränderungen von Daten

§ 303a StGB stellt strafrechtlichen Schutz gegen das Verändern von Daten sicher. Geschützt werden wieder **fremde Daten** i.S.d. § 202a (2) StGB (vgl. Abschn. 4.4.1) gegen eine unberechtigte Manipulation.

---

[92] *Fischer,* §§ 202b, Rdnr. 3 f.

[93] *Graf* in Münchener Kommentar zum StGB, §§ 202b, Rdnr. 9 ff.

[94] *Fischer,* §§ 202b, Rdnr. 6.

[95] *Graf* in Münchener Kommentar zum StGB, §§ 202b, Rdnr. 15.

Im Einzelnen sind folgende **Tathandlungen**[96] erfasst:

▶ **Tatbestandsmäßige Handlungen im Sinne des § 303a StGB**

| Löschen | → | Das **unwiederbringliche Unkenntlichmachen** der konkreten Speicherung; es entspricht dem Zerstören einer Sache |
|---|---|---|
| Unterdrücken | → | Dauerhafte oder – für einen nicht unerheblichen Zeitraum – vorübergehende **Entziehung des Zugriffs** auf Daten mit der Konsequenz, diese nicht mehr nutzen zu können |
| Unbrauchbarmachen | → | **Aufhebung der bestimmungsgemäßen Verwendbarkeit**; entspricht der Beschädigung einer Sache |
| Verändern | → | Jede Form **inhaltlichen Umgestaltens** gespeicherter Daten |

## 4.4.4   Computersabotage

§ 303a StGB ist ein sog. **Erfolgsdelikt**[97] und soll das ordnungsgemäße Funktionieren von Datenverarbeitungssystemen garantieren.

Dieser beinhaltet v. a. den **Schutz vor erheblichen Störungen** an fremden und **bedeutsamen Datenverarbeitungs (DV)-Vorgangen** durch **Manipulationen**.

Der Begriff **DV-Vorgänge** „ist weit auszulegen und umfasst nicht nur den einzelnen Datenverarbeitungsvorgang, sondern *„auch den weiteren Umgang mit Daten und deren Verwertung"*, zur z. B. *Erfassung, Speicherung, Dokumentierung, Aufbereitung und Verwendung von Daten.*"[98]

Von **wesentlicher Bedeutung** ist ein DV-Vorgang, wenn dieser für den Betroffenen vital ist oder zumindest die Funktionsfähigkeit des Nutzers hiervon *„überwiegend abhängig"*[99] ist. Von wesentlicher Bedeutung sind in jedem Fall DV-Vorgänge, die bei gestörtem Ablauf größere Schäden verursachen könnten (z. B. Fehlsteuerung einer chemischen Anlage) oder bei der finanzielle Auswirkungen mit der Manipulation verbunden wären (z. B. erheblicher Vermögensausfall).

---

[96] Im Einzelnen m.w.N. *Fischer*, §§ 303a, Rdnr. 9 ff.

[97] Sog. vorverlagertes Erfolgsdelikt, bei dem es dem Täter auf die Herbeiführung des tatbestandsmäßigen Erfolgs ankommt, dieser jedoch nicht tatsächlich eintreten muss; vgl. Kochheim, Cybercrime und Strafrecht, Rdnr. 509.

[98] *Wieck-Noodt* in Münchener Kommentar zum StGB, §§ 303b, Rdnr. 8; umfassend Fischer zu §§ 303b in Rdnr. 4 zu der Abgrenzung zwischen einzelnen Datenverarbeitungsschritten und der hier geforderten weiten Auslegung.

[99] *Fischer*, §303b, Rdnr. 6; Kochheim, in Cybercrime und Strafrecht geht davon aus, dass *„von wesentlicher Bedeutung alle anzusehen sind, die vernetzt sind und über einfache Statusmeldungen hinaus ein aussagekräftiges Bild über die Persönlichkeit des Nutzers vermitteln oder mitbestimmen können."* (a.a.O. Rdrn. 498).

Eine **erhebliche Störung** liegt in der Regeln vor, wenn der „*reibungslose Ablauf nicht unerheblich beeinträchtigt*"[100] ist. Dies ist immer dann der Fall, wenn die technische Leistungsfähigkeit des Systems angegriffen wird und die Konsistenz und Validität der Daten in Frage gestellt wird. Es geht also um technische Verfügbarkeit und inhaltliche Richtigkeit der in den Systemen verarbeiteten Daten.

Als **Tathandlungen** kommen folgende Varianten in Frage:

**Veränderung von Daten**
- Die Sabotage wird durch die Löschung, Unterdrückung, Unbrauchbarmachung oder Veränderung fremder Daten erzielt (vgl. Abschn. 4.4.3).

**Dateneingabe in Schädigungsabsicht**
- An sich neutrale Handlungen, wie die Dateneingabe und -übermittlung, werden – auch durch automatisierte Verfahren (z. B. Angriffe mittels sog. Bot-Netze in Form eines DDoS-Angriffs[101]) – bewusst dazu benutzt, einen fremden DV-Vorgang zu sabotieren.

**Sachbeschädigung an einer DV-Anlage**
- Hardware – nicht obligatorisch Fremder – wird zerstört, beschädigt, unbrauchbar gemacht, beseitigt oder verändert, so dass es zu einer Beeinträchtigung eines DV-Vorgangs kommt.

**Strafverschärfend** wirken sich u. a. auch Handlungen aus, die gegen einen fremden **Betrieb** oder ein fremdes **Unternehmen** gerichtet sind. Gleiches gilt für Angriffe auf **kritische Infrastrukturen** oder **staatliche Einrichtungen** (vgl. § 303b (4) Nr. 3 StGB).

Entscheidend ist, dass der Täter mit dem zumindest **bedingten Vorsatz** handelt, die fremde, wesentliche DV-Anlage zu sabotieren. Der Vorsatz muss dabei „*die Störung sowie die Wesentlichkeit der Bedeutung der gestörten DV in ihren tatsächlichen Voraussetzungen umfassen*".[102]

### 4.4.5  Computerbetrug

§ 263a StGB sanktioniert Handlungen, bei denen ein **Vermögensvorteil** für den Täter oder einen Dritten und ein **Vermögensnachteil** beim Opfer durch die **Manipulation des Ergebnisses eines DV-Vorgangs** erreicht wird.

---

[100] *Fischer*, §§ 303b, Rdnr. 9.

[101] Zu rechtlichen und technischen Aspekten umfassend Kochheim, Cybercrime und Strafrecht, Rdnr. 510 ff.

[102] *Fischer*, §§ 303b, Rdnr. 18.

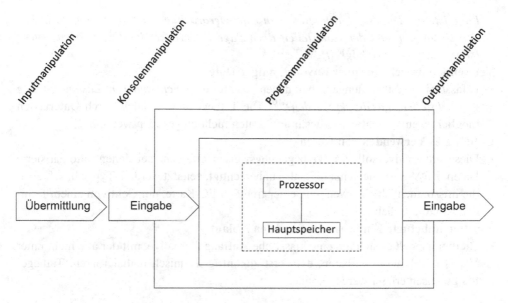

**Abb. 4.3** Datenmanipulation

Im Gegensatz zu den übrigen o. a. Straftatbeständen schützt diese Rechtsvorschrift nicht die Integrität von Daten und Informationsverarbeitungssystemen, sondern schlicht das **Vermögen**.[103]

Im Wesentlichen fallen unter den Tatbestand sog. **Phishing, Skimming** oder andere elektronische Angriffe auf Zahlsysteme.

Die Angriffe auf derartige DV-Vorgänge müssen dazu führen, dass die Ergebnisse dieser Vorgänge nicht den tatsächlichen Gegebenheiten entsprechen und infolgedessen falsche Vermögensverfügungen durchgeführt werden.

**Daten** im Sinne dieser Norm sind im Gegensatz zu den zuvor beschriebenen Computerdelikten alle im Wege einer automatisierten Verarbeitung kodierten Informationen.[104]

Ursächlich müssen **Manipulationen an DV-Systemen** sein. Eine schematische Darstellung des gesamten Prozesses und der Manipulationsmöglichkeiten stellt Abb. 4.3 dar.

Folgende **Tathandlungen** kommen in Betracht, die durch Tun oder Unterlassen begangen werden:

**Unrichtiges Gestalten von Programmen**
- Erstellung eines neuen oder Beeinflussung eines Programms durch z. B. „*Neuschreiben, Verändern oder Löschen*",[105] d. h. einer Arbeitsanweisung für Computer. „*Unrichtig ist ein Programm dann gestaltet, wenn das Programm nicht mehr in der*

---

[103] *Wohlers/Mühlbauer* in Münchener Kommentar zum StGB, §§ 263a, Rdnr. 1.

[104] *Fischer*, §§ 263a, Rdnr. 3.

[105] *Fischer*, §§ 263a, Rdnr. 6.

*Lage ist, ein dem Zweck der jeweiligen Datenverarbeitung, der Beziehung zwischen
den Beteiligten und der materiellen Rechtslage entsprechendes Ergebnis zu liefern
(sog. objektive Unrichtigkeit).*"[106]

**Verwenden unrichtiger oder unvollständiger Daten**

- Erfasst sind Tathandlungen, bei denen Daten in *„einen anderen Zusammenhang
  gebracht oder unterdrückt werden.*"[107] Die Tatbegehung ist auch durch Unterlassen
  möglich, wenn pflichtwidrig bestimmte Daten nicht eingegeben werden.[108]

**Unbefugtes Verwenden von Daten**

- Diese Alternative soll v. a. Tatbegehungsweisen erfassen, bei denen automatisierte
  Daten in DV-Systemen unbefugt, also unberechtigt, genutzt werden. Typisch ist hierfür
  die missbräuchliche Verwendung einer fremden EC-Karte, um Geld von einem fremden Konto abzuheben.

**Sonstige unbefugte Einflussnahme auf den Ablauf**

- Hierbei handelt es sich um eine klassische Auffangalternative, mit der alle nicht unter
  Var. 1 bis 3 subsumierbaren, evtl. erst zukünftig technisch realisierbaren, Tatbegehungsweisen erfasst werden könne.

Eine eigenständige Tat stellt gem. § 263a (3) StGB das **Herstellen eines Computer-
programms** dar, mit dem die o. a. Tathandlungen begangen werden können.

## 4.5    Ausgewählte sonstige relevante Tatbestände

- § 331 ff. StGB – Bestechlichkeit
  *Bannenberg* weist darauf hin, dass in *„einem Bundesland [. . .] die Verurteilungen
  häufig wegen Bestechung in Tatmehrheit mit unbefugter Verwertung unbefugt erlang-
  ter Geschäfts- und Betriebsgeheimnisse gemäß § 17 UWG"*[109] erfolgten. Die bereits
  beschriebenen Zusammenhänge zwischen sog. Korruptionstatbeständen werden durch
  die Aussage evident und unterstützen die Einschätzung zur Anwendung kriminologi-
  scher Erklärungsansätze allgemeiner Wirtschaftskriminalität auf alle Formen der Wirtschaftsspionage und Wirtschaftsausspähung.

---

[106] *Wohlers/Mühlbauer* in Münchener Kommentar zum StGB, §§ 263a, Rdnr. 23.

[107] *Fischer*, §§ 263a, Rdnr. 7.

[108] *Fischer*, a.a.O.

[109] *Bannenberg*, S. 278 f.

- **§ 246 StGB – Unterschlagung**
  Eine tateinheitliche Verurteilung wegen einer Unterschlagung nach § 246 StGB in Verbindung mit einer nachrichtendienstlichen Agententätigkeit nach § 99 StGB scheidet aus, da die Unterschlagung in Idealkonkurrenz zu § 99 StGB steht.[110] Tatbestandlich kann durch Wegnahmehandlungen z. B. von Unterlagen, die sich im berechtigten Gewahrsam des nachrichtdienstlich tätigen Täters befanden jedoch eine Unterschlagung gegeben sein.

  Ebenfalls keine Unterschlagung stellt das bloße Kopieren und Verwerten von Daten, die auf einem Datenträger gespeichert sind dar, wenn der Täter z. B. einen Datenträger dem Berechtigten unverändert zurückgibt oder zurückgeben will. Eine Unterschlagung ist keine „Wegnahme" i.S.d. § 17 Abs. 2 Nr. 1 lit. c UWG.[111]
- **§ 4 UWG – Behinderungswettbewerb**
- Die Ausspähung durch Innentäter kann eine Beihilfe zu einer unerlaubten, geschäftlichen Handlung i.S.d. § 4 Nr. 10 UWG darstellen. Sofern die Handlung des Täters darauf ausgerichtet ist, einen tatsächlichen Konkurrenten auszukundschaften, um im Wettbewerb gegen ihn einen Vorteil zu erlangen, ist ein Anfangsverdacht gegeben.[112]
- Besonders verpflichtete Personenkreise[113]

| | |
|---|---|
| § 85 GmbHG | • Verletzung der Geheimhaltungspflicht durch Geschäftsführer, Aufsichtsräte oder Liquidatoren3 |
| § 404 AktG | • Verletzung der Geheimhaltungspflicht durch Mitglieder des Vorstandes oder des Aufsichtsrates, durch einen Abwickler, einen Prüfer oder dessen Gehilfen |
| § 120 BetrVG | • Verletzung der Geheimhaltungspflicht durch Mitglieder der Betriebsverfassungsorgane, Gewerkschaftsvertreter sowie sachkundigen Externen, die hinzugezogen wurden |
| § 69 SchwbG | • Verletzung der Geheimhaltungspflicht durch eine Vertrauensperson der Schwerbehinderten |
| § 151 GenG | • Verletzung der Geheimhaltungspflicht durch Mitglieder eines Vorstandes oder des Aufsichtsrates, durch einen Abwickler, einen Prüfer oder dessen Gehilfen |
| § 138 VAG | • Verletzung der Geheimhaltungspflicht durch Prüfer, deren Gehilfen, ein Mitglied des Vorstandes oder des Aufsichtsrates |
| § 333 HGB | • Verletzung der Geheimhaltungspflicht durch Abschlussprüfer und Gehilfen |

---

[110] BGH, Beschluss vom 24.07.2014 – 3 StR 188/14.

[111] BayObLGSt (4. Strafsenat), Beschluss vom 12.12.1991 – Preg. 4St 158/91.

[112] *Götting/Nordemann*, §§ 4 UWG, Rdnr. 10.15; ebenso *Harte-Bavendamm/Henning-Bodewig* zu §§ 4 UWG, Rdnr. 64.

[113] Im Wesentlichen übernommen vom *Többens*, S. 511.

## 4.6     Zwischenfazit

**Conclusion**

- Die rechtliche Beurteilung des **Handelns eines Innentäters** zum Nachteil eines Unternehmens ist ausgesprochen **problematisch**.
- Die **Grenzen zwischen privater Wirtschaftsausspähung und staatlicher Wirtschaftsspionage verschwimmen**. Dies liegt vor allem darin, dass die bekannten Modi operandi **nicht immer eindeutig einer nachrichtendienstlichen Agententätigkeit zuzuordnen** sind und die organisatorische Verzahnung zwischen tatsächlichen Geheimdiensten und ihren privatrechtlich organisierten Unternehmensablegern nahezu undurchschaubar ist.
- Ebenso problematisch ist der Umstand, dass eine **gewisse Qualität des entzogenen Wissens verlangt wird**. Die nachrichtendienstliche Agententätigkeit wird nur dann eine solche, wenn das abgeschöpfte Wissen einen Einfluss auf die Belange der Bundesrepublik Deutschland hat und die Konkurrenzausspähung nur dann eine solche, wenn es sich um ein Unternehmensgeheimnis handelt bzw. sich eine schädliche Nutzung anschließt. Beide Fälle umfassen nicht den vor sich hinschleichenden Informationsabfluss durch zahlreiche Einzelinformationen, die erst in der Summe ein schädliches Potential ergeben.
- Leider ist es dem Gesetzgeber bisher nicht gelungen, die in Frage kommenden Tatbestände bestimmter und für die Unternehmen anwendbarer zu formulieren. Dies wäre auch erforderlich, um arbeitsrechtliche Überlegungen deutlicher mit den strafrechtlichen Konsequenzen abgleichen zu können. So lange die **angegriffenen Unternehmen an der Strafbarkeit des Innentäterverhaltens zweifeln müssen, umso länger sind arbeitsrechtliche Schritte** problematisch.
- Für den Arbeitgeber ergeben sich nichtsdestotrotz **klare Handlungsempfehlungen** aus der rechtlichen Einordung. Je genauer er die **Pflichten des Arbeitnehmers** beschreibt, desto einfacher wird es sein, ihm die Pflichtwidrigkeit des Abschöpfens von Informationen nachzuweisen. Gleiches gilt für die **Bestimmtheit der Vorgaben im Umgang mit Informationen**, deren Kategorisierung und die Festlegung klarer Verantwortlichkeiten. Je unklarer die Vorgaben des Arbeitgebers sind, desto einfacher sind die Ausflüchte des Innentäters. Das Erfordernis der Bestimmtheit gilt auch für die Regelungen, die mit potentiellen Innentätern i.w.S. geschlossen werden. Sofern mit diesen **keine eindeutigen vertraglichen Grundlagen über Pflichten und Sanktionen** getroffen sind, wirkt der Interpretationsspielraum zum Nachteil des Geschädigten.

# Kriminologische Erklärungsansätze

5

*„Unternehmer sind sehr vertraut mit Geschäftsmethoden, aber sie sind nicht gewohnt, sie vom Standpunkt des Verbrechens zu betrachten; viele Soziologen sind sehr vertraut mit Verbrechen, aber sie sind nicht gewohnt, es in der Wirtschaft zu suchen."*
*(Sutherland 1968)*

## Zusammenfassung

Kriminologische Erklärungsansätze werden in sog. Theorien formuliert. Hierbei wird zwischen individuellen und gruppenspezifischen Theorien ebenso unterschieden wie zwischen denen psychologischen, soziologischen, lerntheoretischem oder sonstigem Ursprungs.

Vieles spricht dafür, dass Innentäter mit der gleichen Motivationslage handeln, wie Wirtschaftskriminelle.

Da der Typus des Wirtschaftskriminellen umfassend beschrieben und mittlerweile recht gut erschlossen ist, kann auf anerkanntes Wissen zur Motivationslage zurückgegriffen werden.

Weniger bekannt ist die Motivationslage von Cyberkriminellen, der sich in diesem Kapitel auch zugewandt wird.

Bei vielen Theorien spielen anomische Ursachen, d. h. ein extrinsischer Erwartungsdruck, der auch den Einsatz illegitimer Methoden rechtfertigt, ebenso eine Rolle wie mangelhafte Selbst- und Fremdkontrolle und organisationsbedingte Ursachen am Arbeitsplatz.

Zudem wird auf die Frage eingegangen, ob es auch subkulturelle Einflüsse gibt, die motivieren.

© Springer Fachmedien Wiesbaden 2016
D. Fleischer, *Wirtschaftsspionage*, DOI 10.1007/978-3-658-11989-8_5

## 5.1    Vor den Theorien

Kriminologische Erklärungsansätze sollen dabei helfen, Ursachen und Gründe für deviantes Handeln zu identifizieren und – zumindest in der Praxis der Unternehmenssicherheit – geeignete Präventionskonzepte zu entwickeln.

### Hintergrund
### Kriminologie
Die Kriminologie ist eine interdisziplinäre Wissenschaft, die der Frage nachgeht, warum Menschen sich normabweichend bzw. verbrecherisch verhalten. Sie vereint v. a. die Rechtswissenschaften, Sozialwissenschaften, die Psychologie ebenso wie Kenntnisse aus der Kriminalistik.

Kriminologen befassen sich auch mit der Rechtsfolgenabschätzung, indem sie der Frage nachgehen, zu welchen Reaktionen und Verhaltensänderungen Gesetze und Normen führen.

Eine allgemeine kriminologische Theorie, mit der Erklärungsansätze für verschiedene Straftaten gefunden werden können, ist bisher nicht anerkannt, wenngleich der wissenschaftliche Diskurs hierüber andauert.

Bezogen auf das Phänomen der Wirtschaftsspionage kommen, wie bereits geschildert, zwei grundsätzliche Motive zum Tragen: (a) ideologische Motive und (b) egoistische, zumeist wirtschaftliche Motive.

Die nachfolgende **Auswahl an kriminologischen Theorien** repräsentiert die in der Literatur überwiegend vorzufindenden ätiologischen Grundannahmen für das Phänomen der Wirtschaftsspionage, wobei eine engere kriminologische, wissenschaftliche Auseinandersetzung mit diesem Phänomen v. a. im deutschsprachigen Raum bisher nicht vorliegt.

## 5.2    Anomietheorie nach Merton

In den, auf den theoretischen Grundüberlegungen von *Durkheim* aufbauenden Überlegungen von *Merton*, geht dieser davon aus, dass Kriminalität das Ergebnis des individuellen Drucks ist, der sich aus dem Verhältnis **mangelnder Normenbindung**, hoch gesteckter individueller Ziele und der Begrenztheit legaler Mittel diese zu erreichen, ergibt.[1]

*Merton* nimmt an, dass das *„Abweichen von institutionalisierten Erwartungen [. . .] als Ergebnis des Auseinanderfallens von kulturell bedingten, grundlegenden Motivationen einerseits und der schichtbedingten beschränkten Verwirklichungschancen andererseits betrachtet"*[2] wird. Kurzum, der Täter erwartet mehr als er mit legalen Mitteln zu erreichen im Stande ist.

---

[1] Herrmann, a.a.O., S. 20.
[2] *Merton*, S. 284.

Dabei sind auf der **Erwartungsseite (Ziele)** die überwiegenden Motive „*Wohlstand*",[3] „*Macht und hohes Einkommen*",[4] also wirtschaftliche Potenz. Diese Motive können sich individuell oder kollektiv bilden.[5]

Der Erwartungsseite wirkt die jeweilige kulturelle und soziale Struktur entgegen, indem sie die legitimen Wege zur Erreichung der individuellen Ziele definieren.

„*Die kulturelle Struktur können wir etwa definieren als den Komplex gemeinsamer Wertvorstellungen, die das Verhalten der Mitglieder einer gegebenen Gesellschaft oder Gruppe regeln. Und mit sozialer Struktur ist der Komplex sozialer Beziehungen gemeint, in die die Mitglieder der Gesellschaft oder Gruppe unterschiedlich einbezogen sind.*"[6]

Hilfreich ist es, das unternehmerische Umfeld sowohl auf die zielfixierte, als auch kulturelle Dimension hin zu beurteilen: Unternehmen, in denen eine **Kultur der Statussymbole** herrscht und die darüber hinaus über ein unfertiges Normen- oder gar deviantes Wertegerüst verfügen, begünstigen Anomie.

Merton sieht als Reaktion auf Anomie i.W. folgende „*Anpassungen*" vor:

- Konformität
- Innovation
- Ritualismus
- Rückzug
- Rebellion[7]

Unter der Anpassungsform Innovation versteht Merton die „*Anwendung institutionell nicht erlaubter, aber oft wirksamer Mittel, die zumindest das Erlangen der Erfolgssymbole: Wohlstand und Macht garantieren.*"[8]

Um Innovation entgegenzuwirken, sind folgende Aspekte innerhalb der betroffen Unternehmen wesentlich:

(a) eindeutige Ächtung devianten Verhaltens
(b) transparente Leistungsfaktoren und tatsächliche Gerechtigkeit
(c) verbindliche normative Regelungen

Sobald sich in Unternehmen die Grenzen zwischen „*dem Verhalten des „ehrbaren Kaufmanns" und dem durchtriebenen gerissenen Praktiken jenseits der „guten Sitten"*"[9] verschwimmen, wirkt dies tatbegünstigend, da der Täter davon ausgehen kann, dass die

---

[3] *Merton*, S. 293.
[4] *Merton*, S. 296.
[5] *Merton*, S. 284; umfassender bezogen auf White-Collar Crime 295 f.
[6] *Merton*, S. 284.
[7] *Merton*, S. 292 ff.
[8] *Merton*, S. 294.
[9] *Merton*, S. 294 f.

Zielerreichung mit illegitimen Mitteln implizit gebilligt wird. Eine solche Kultur schadet am Ende demjenigen, der diese duldet.

Darüber hinaus muss der legitime **Zugang zu Leistungsanreizen** transparent und nicht von Glück, Gleichmacherei oder Gruppenzugehörigkeit abhängen.[10] Unternehmen, in denen diese Faktoren überwiegen und in denen eine *„Betonung prestige-geladener Ziele"* überwiegen, fördern deviantes Verhalten der eigenen Mitarbeiter.

Letztendlich hat ein **verbindliches Normengefüge** eine kriminoresistente Komponente. Verbindliche Normen illustrieren den Maßstab der kulturellen und sozialen Akzeptanz der Mittel, die zur Zielerreichung eingesetzt werden. Nur wenn das Maß dessen, was als legitim angesehen wird, bestimmt genug ist, kann der Einzelne sein Handeln hieran ausrichten.

▶ **Anomie wirkt kriminalitätsbegünstigend. Transparenz, Normenklarheit und Gerechtigkeit kriminalitätshemmend.**

Fraglich ist, ob die Anomietheorie erklärungstheoretisch relevant ist.[11] Zu einfach wäre die simple Ableitung, dass Mitarbeiter aus prekären Arbeitsverhältnissen häufiger zu illegitimen Mitteln greifen würden, um ihre individuellen Ziele zu erreichen. Die Anomietheorie gewinnt ihre Bedeutung insbesondere als Grundlagentheorie, da weitere Theorien auf sie verweisen (vgl. z. B. Abschn. 5.9).

**Anomische Faktoren** können in Unternehmen identifiziert und beeinflusst werden. Aus diesem Grund sind sowohl die Risikoidentifizierungssysteme auch über sie zu justieren (vgl. Abschn. 6.2) und in einem umfassenden Sicherheits- (vgl. Abschn. 6.4) sowie Awarenesskonzept (vgl. Abschn. 6.5) präventive Elemente zu installieren.

## 5.3    Kontrolltheorie nach Hirschi

*Hirschi* glaubt, dass delinquente Handlungen v. a. dann entstehen, wenn die **Bindung zwischen Gesellschaft und Individuum** besonders schwach ist.[12] Wesentliche Elemente dieser Bindung sind *„Attachment",*[13] *„Commitment",*[14] *„Involvement"*[15] und *„Belief"*[16];

---

[10] *Merton*, S. 297 ff.

[11] *Meier* ist an diesem Punkt anderer Auffassung, da er die Praxisrelevanz der Theorie als gering betrachtet. Die Theorie tauge lediglich zu heuristischen Grundannahmen und taugt zur Erklärung für Kriminalität und kriminelles Verhalten nicht. §§ 3, Rdnr. 61.

[12] *Hirschi*, S. 16.

[13] *Hirschi*, S. 16 ff.

[14] *Hirschi*, S. 20 f.

[15] *Hirschi*, S. 21 ff.

[16] *Hirschi*, S. 23 ff.

also Zugehörigkeit, Verpflichtung, Beteiligung und Glaube. Hirschi vermutet dass die einzelnen Elemente miteinander in Wechselwirkung stehen und sich gegenseitig bedingen.[17]

**Zugehörigkeit** entstehe primär durch eine emphatische Akzeptanz der Meinung anderer.

**Verpflichtung** entwickele sich durch die rationale Selbstbindung des Einzelnen an gesellschaftsadäquates Verhalten auf der Grundlage einer persönlichen Aufwand-Nutzen Analyse.

Beteiligt sind Menschen, die sich in konventionelle Verhaltensweisen wie *„appointments, deadlines, working hours, plans"* [18]und Prozesse eingebunden fühlen und infolgedessen von deviantem Verhalten Abstand nehmen („. . ..*and the like, so the opportunity to commit deviant acts rarly arises"*[19]).

Glaube bildet sich auf der Grundlage verbindlicher Werte und der Erwartung, dass diese gültig und durchsetzbar sind.

Mit Bezug auf Durkheim weist Hirschi darauf hin, dass die Bindung von Menschen qualitative Elemente enthält und primär gegenüber der Familie, Nation und Menschheit (*„family, nation and humanity"*[20]) entsteht. Entgegen aller Erwartungen nimmt die Nation die herausgehobene Position ein.[21]

Kontrolltheoretische Ansätze gehen davon aus, dass die o. a. Faktoren deviantem Verhalten entgegenstehen. Schwindt stellt fest, dass je *„stärker solche Bindungen aus geprägt sind, desto weniger ist kriminelles Verhalten nach diesem Ansatz zu erwarten"*,[22]

Bezogen auf Innentäter in Unternehmen bedeutet dies, dass eine **mangelnde Bindung an Werte und Normen** des Unternehmens Innentaten begünstigen. *Meier* fasst die begünstigende Wirkung wie folgt zusammen: *„Wirtschaftskriminalität erklärt sich danach aus einer geringen moralischen Bindung an das Recht, die durch eigene vermögensrelevante Viktimisierungserfahrungen (z.B. Betrug) und die Einbettung in kriminalitätsbejahende Netzwerke (Freunde, Bekannte, Verwandte) verstärkt wird."*[23]

▶ **Der wirksamste Schutz gegen Innentäter sind loyale und werteorientierte Mitarbeiter.**

Präventionsansätze gegen Wirtschaftsspionage durch Innentäter werden somit immer auf das Vorhandensein von Bindungen abgeglichen werden müssen. Je stärker die

---

[17] *Hirschi*, S. 27 ff.

[18] *Hirschi*, S. 22.

[19] *Hirschi*, a.a.O.

[20] *Hirschi*, S. 30.

[21] *Hirschi*, S. 30.

[22] *Schwindt*, § 6, Rdnr. 18.

[23] *Meier*, § 11, Rdnr. 27a.

Unternehmenskultur und die Bindung an das Unternehmen ausgeprägt sind, desto höher ist die Wahrscheinlichkeit deviantem Verhalten entgegenwirken zu können.

Die Etablierung einer (Sicherheits-)Kultur, als Element einer Unternehmenskultur, ist in den Präventionsansätze zu berücksichtigen (vgl. Abschn. 6.5.2).

## 5.4    White Collar Crime Approach nach Sutherland

Sutherland beschreibt in seinem Ansatz, dass Wirtschaftskriminalität von *„respektablen oder wenigstens respektierten Geschäftsleuten und anderen gehobenen Berufen"*[24] begangen wird. Hierbei kommt es nicht auf den **„sozial-ökonomischen" Hintergrund der Täter** an. Das Einkommen ist bei der Einordnung eines White Collar Kriminellen nur subsidiär, entscheidend sei, dass sie *„respektiert"*, *„sozial akzeptiert und gewürdigt"*, *„hochstehend"*[25] sind.

Dazu zählen nach heutigem Verständnis Personen in Unternehmen, die aufgrund der hierarchischen Einordnung, der Bedeutungskraft ihrer Aussagen im Unternehmen oder der Dauer der Unternehmenszugehörigkeit ein hohes Maß an Respekt, Seniorität und Vertrauensvorschuss erlangt haben.

Exemplarisch kann hier der Sachverhalt rund um den ehemaligen VW Manager López erwähnt werden. José Ignacio López de Arriortúa soll nicht nur mit rabiaten Managementmethoden bei VW geführt haben, er soll zudem umfangreiches Material seines ehemaligen Arbeitgebers General Motors abgeschöpft und bei seinem neuen Arbeitgeber eingesetzt haben. Der Fall verursachte gerichtliche Auseinandersetzungen, eine breite Öffentlichkeit und erhebliche Reputationsschäden für alle Akteure.[26] Hierbei handelte es sich um einen klassischen Fall der Informationsabschöpfung durch einen **privilegierten Innentäter**.

Die wesentlichen Eckpfeiler des White Collar Ansatzes sind *„falsche Vermögenserklärungen"* und die Anwendung des *„Doppelspiel in der Manipulierung der Macht"*[27] durch die Täter.

Unter dem **Prinzip des Doppelspiels** versteht Sutherland folgendes Verhalten: Der Verbrecher nimmt zwei Positionen zeitgleich ein. Eine *„ist eine Vertrauensstellung, die verletzt wird, im allgemeinen durch nicht bestimmungsgemäße Verwendung von Geldern, im Interesse der anderen Position.*[28]*"*, also der begünstigten, zweiten Position. Anstelle des Begriffs *„Geldern"* könnte auch der Begriff der Information stehen, wenn diese – v. a. materiell – vermögensbildend wären. Denkbar wären somit Fallkonstellationen, in denen

---

[24] *Sutherland*, S. 187.

[25] *Sutherland*, S. 191.

[26] DER SPIEGEL 21/1993.

[27] *Sutherland*, S. 189.

[28] *Sutherland*, S. 190.

**herausgehobene Manager** (Vorstände, Abteilungsleiter etc.) in Kenntnis bevorstehender Umstrukturierungen oder Mandatswechsel Unternehmensgeheimnisse gezielt an Mitbewerber weitergeben, da sie sich hiervon entweder einen unmittelbaren finanziellen Vorteil versprechen bzw. auf eine lukrative „Anschlussverwendung" z. B. als Berater hoffen.

▶ **Cliquenwirtschaft, Standesdünkel und Statusdenken fördern Innentaten.**

*Sutherland* geht in der Grundannahme davon aus, dass *„White-collar-Verbrechen genau wie jedes andere systemische Verbrechen gelernt wird".*[29] Hierunter verbirgt sich die Theorie der **differentiellen Kontakte.**[30] Unterstützt wird die lerntheoretische Hypothese durch **soziale Desorganisation.** Diese liegt vor, wenn *„die Gemeinde nicht fest gegen diese Verhaltensformen organisiert ist."*[31]

Im Kontext dieser Ausarbeitung heißt dies, dass es nicht nur eines potenten Innentäters bedarf, sondern dass dieser die Weitergabe von Unternehmensdaten an Dritte als legitime Verhaltensweise erlernt hat und keine wirksamen unternehmensinternen Prozesse präsent sind, um dieses zu verhindern.

Um diese Potentiale zu entschärfen, sind **Gefahrenmomente** zu **identifizieren** (vgl. Abschn. 6.2 und 6.3) und wirksame Sicherheitskonzepte zu etablieren (vgl. Abschn. 6.4). Gerade den privilegierten Personen in den Unternehmen muss deutlich gemacht werden, dass es sich bei den Maßnahmen nicht um Makulatur handelt und dass ihre persönlichen Privilegien nicht so weit gehen, dass sie hiervon ausgenommen sind. Dies zu erreichen, stellt sich in der Praxis als größte Herausforderung dar. Ein wesentlicher Schritt hier glaubwürdig zu sein, ist eine eindeutige Entscheidung der Unternehmensleitung zu einer Einbeziehung aller Unternehmenshierarchien in das Sicherheitskonzept und dessen regelmäßige Auditierung (vgl. Abschn. 6.6).

## 5.5   Subkulturtheorie 2.0

### 5.5.1   Ursprung

Ebenso wie die Anomietheorie stellt die Subkulturtheorie eine *„sozialkulturelle Kriminalitätstheorie"* dar.[32] Die ursprüngliche Grundlage *„bildete eine Gesellschaftsstruktur, die eine räumliche Zuordnung ethnischer Gruppen und Jugendbanden mit ihren Werten und*

---

[29] *Sutherland*, S. 199.
[30] Umfassend dazu *Sutherland* (1956), A Statement of the Theory, abgedruckt in Sack/König, Kriminalsoziologie, S. 395 ff.
[31] *Sutherland*, S. 199.
[32] *Herrmann*, a.a.O., S. 21.

*Normen zu verschiedenen Stadtteilen erlaubte".*[33] Im Mittelpunkt der Betrachtung steht –
ähnlich der Anomietheorie – das Verlangen der Angehörigen gesellschaftshierarchisch
niedriger Schichten (*„Unterschicht"*), die Werte und Normen der Mittel- und Oberschicht
zu erreichen und sich als Ausgleich hierzu in separaten Gruppen, also Subkulturen,
zusammenzuschließen und nach eigenen Normen und Regeln zu leben.[34]

Fraglich ist, ob subkulturelle Überlegungen, die abweichendes Verhalten (v. a. Roh-
heits- und Vandalismusdelikte) der Unterschichten zu begründen versuchten, nicht auch
abweichendes Verhalten exponierter Strukturen in Unternehmen, also des Managements,
begründen können. Zu überlegen ist, ob nicht das Verhalten von Angehörigen hier-
archisch weniger exponierter Unternehmensschichten einbezogen werden kann, da sie
unter Umständen ebenfalls eine **unternehmerische Subkultur** bilden.

Sämtlichen Definitionen von „Subkultur" ist gemeinsam, dass es sich bei **Subkulturen
um soziale Gruppen** handelt, denen eigene Normen, Werte, Einstellungen, Verhaltensweisen etc. zu eigen sind.

Der Duden versteht unter einer Subkultur eine *„innerhalb eines Kulturbereichs, einer
Gesellschaft bestehende, von einer bestimmten gesellschaftlichen, ethischen o. ä. Gruppe
getragene Kultur mit eigenen Normen und Werten".*[35] Eine wirtschaftswissenschaftliche
Definition lautet: *„soziale Gruppe, deren Normen, Einstellungen und Verhaltensweisen
von der jeweiligen Mehrheitskultur erheblich und z. T. konfliktionär abweicht. Subkulturen bestimmen auch entscheidend das Kauf- und Konsumverhalten. Eine typische Form
von Subkulturen sind die Peer Groups."*[36]

Derartige **Normen und Wertegefüge** finden sich auch für unterschiedliche Unternehmenshierarchien und zwar sowohl **formal kodifiziert** („Good Governance Kodex",
„Verhaltensregeln für …" etc.) als auch **informell überliefert bzw. vermittelt** („…im
Prozess der Enkulturation *„gelernt".*[37]) Hierbei spielen Statussymbole, Anerkennung
und die jeweilige Position innerhalb einer Gruppe eine entscheidende Rolle.

## 5.5.2  Anwendbarkeit im arbeitsplatzbezogenen Kontext

*Fischbach* legt in seiner Dissertation zugrunde, dass innerhalb *„einer* **Unternehmenskultur** *[…] die „Managementkultur" als zentrale Subkultur der Führungskräfte durch die*

---

[33] *Herrmann*, a.a.O., S. 21.

[34] *Herrmann* weist in diesem Zusammenhang darauf hin, dass der ursprüngliche Denkansatz ange-
sichts *„der zunehmenden Individualisierung in westlichen Gesellschaften (ist) heute eine Subkulturtheorie, die eine solche Gesellschaftsstruktur unterstellt und mit dem Anspruch einer universalen
Kriminalitätstheorie auftritt, in erster Linie von historischem Interesse oder auch zur Charakteri-
sierung sozialer Randgruppen geeignet"* ist. (a.a.O., S. 21).

[35] www.duden.de

[36] www.wirtschaftslexikon.gabler.de

[37] *Fischbach*, S. 58.

*exponierte Stellung des Managements besonders sichtbar und für die gesamte Unternehmung kulturprägend*"[38] ist. Sie stellt somit die unternehmerische „Oberschicht" dar. Der Status innerhalb dieser Gruppe wird entweder durch Leistung erworben oder askriptiv,[39] d. h. errungen oder zugeschrieben. Es ist besonders materialistisch geprägten Menschen ein Bedürfnis, eben diesen Managementstrukturen anzugehören. Um dies zu erreichen, ordnen sie sich den Werten und Zielen dieser Strukturen unter.

*Schneider*[40] geht im *Leipziger Verlaufsmodell wirtschaftskriminellen Verhaltens* (vgl. Abschn. 5.9) von der besonderen Bedeutung *„arbeitsplatzbezogener Subkulturen"* aus. So kann die Einbindung in derartige Strukturen zu einer **kriminovalenten Ausprägung des Leistungsverhaltens**[41] (Rückzug aus familiären Bindungen zu Gunsten der eigenen Arbeitsleistung im Unternehmen), der Erwartung falscher, da inadäquater wirtschaftlicher Ansprüche (auch da diese in den entsprechenden Subkulturen vorgelebt werden) bis hin zum **Realitätsverlust** führen.[42]

*Coleman* bezeichnet die strukturellen Bedingungen als *„Culture of Competition"* und nimmt an, dass sich die Motive wirtschaftskrimineller Täter nicht nur individuell psychologisch/soziologisch erklären lassen, sondern strukturelle, d. h. organisationsbedingte Grundlagen haben.[43]

Arbeitsplatzbezogene Subkulturen scheinen also einen begünstigenden Einfluss auf deviantes, wirtschaftskriminelles Verhalten zu haben.

Dieser wird umso größer, je **kriminalitätsbejahender** die Strukturen sind. *Schneider* führt hierzu aus, dass sich in bestimmten Gruppen die *„Vorzeichen von Kultur und Subkultur"*[44] umkehren. *„Außenseiter ist wer sich an die Norm hält, normal, wer die Norm übertritt oder zumindest in ihrem Grenzbereich navigiert."*[45]

Aber auch bei individuellen Handlungen zum Nachteil des eigenen Arbeitgebers können die o. a. Faktoren tatmotivierend wirken. So kann deviantes Verhalten dazu genutzt werden, die eigene Karriere an anderer Stelle (z. B. nach dem persönlichen „aufhübschen" mit Insiderwissen vor der Abwerbung durch einen Mitbewerber) zu beschleunigen bzw. weitere Statussymbole zu erlangen, die die Zugehörigkeit zum gehobenen Management indizieren. Hierbei überwiegen die **egoistischen Motive** den kollektiven Konsequenzen für das Unternehmen und dessen Mitarbeiter. Es ist nicht abwegig anzunehmen, dass der Wunsch nach Zugehörigkeit zu einer bestimmten Gruppe bzw. der Druck aus einer Gruppe heraus, so weit führt, dass sich das kriminelle Verhalten

---

[38] *Fischbach*, S. 1.

[39] *Fischbach*, S. 38 m.w.N.

[40] *Schneider* (2007), S. 555 ff.

[41] *Schneider*, S. 559.

[42] *Schneider*, S. 561.

[43] *Coleman*, S. 414.

[44] *Schneider*, S. 561.

[45] *Schneider*, a.a.O.

auch gegen das eigene Unternehmen richtet und Wirtschaftsspionage aus egoistischen, statusgetriebenen Motiven eine Konsequenz ist.

## 5.6 Neutralisationstechniken

Ursprünglich – im Zusammenhang mit der klassischen Subkulturtheorie entwickelt – spielen Neutralisationstechniken eine entscheidende Rolle.[46] *„Die Neutralisationstechniken machen deutlich, dass zwischen Normal- und Subkultur oft kein strikter Gegensatz besteht, sondern, dass es in der kognitiven Auseinandersetzung mit der eigenen Delinquenz beträchtliche Differenzierungen und Übergänge gibt."*[47] *Sykes/Matza*[48] skizzierten bereits früh in der *„Theorie der Delinquenz"* die Grundannahme, dass delinquentes Verhalten von Tätern, von diesen, durch eine **Rechtfertigung des Verbrechens** gegenüber sich selbst erklärt wird. Hierbei finden die verwendeten Argumente keine Anerkennung in der jeweiligen Gesellschaft bzw. im Rechtssystem.[49] Gleichwohl empfindet der Täter seine eigene Argumentation schlüssig. Er billigt sich eine höhere ethisch moralische Position zu. Im Vergleich zu anderen empfindet er sich als *„kompetenter, moralischer, konsequenter und insgesamt besser."*[50] Diese als Rationalisierung bezeichneten Rechtfertigungen schützen das *„Individuum vor Selbstvorwürfen und Vorwürfen nach der Tat."*[51]

Im Wesentlichen kommen die in Tab. 5.1 aufgeführten Argumente zur Neutralisation zum Ansatz.[52]

Die Anwendung dieser Argumente erfolgt dabei entweder vor der Tatausführung als **Neutralisierung** (handlungsermöglichend) oder nach der Tatbegehung als **Rationalisierung** (handlungsentschuldigend).[53] Entscheidend ist, dass die Täter nicht durchweg gegen Regeln sind. Das Problem ist, dass sie regelmäßig ihre eigene, ganz individuelle Sicht der Dinge haben. Diese Sicht der Dinge ist nicht selten das Ergebnis eines Lernprozesses,[54] der mitunter auch in den geschädigten Unternehmen selbst stattfindet.

---

[46] zur Entstehung *Bock*, Rdnr. 170.

[47] *Bock*, a.a.O.

[48] Im Original aus dem Jahr 1957; abgedruckt in *Sack/König*, Kriminalsoziologie, S. 360–371.

[49] *Sykes/Matza*, S. 365.

[50] *Litzcke, Maffenbeier, Linssen, Schilling*, S. 84.

[51] *Sykes/Matza*, a.a.O.

[52] *Sykes/Matza*, S. 366 ff.

[53] *Litzcke, Maffenbeier, Linssen, Schilling*, S. 83.

[54] *Sykes/Matza* nehmen Bezug zur Theorie der differenziellen Kontakte (*Sutherland* 1956) und deren lerntheoretischen Ansatz, S. 366; ebenso: *Litzcke, Maffenbeier, Linssen, Schilling*, S. 87.

**Tab. 5.1** Neutralisationstechniken nach Sykes/Matza

| Bezeichnung | Beispiel |
| --- | --- |
| Ablehnung der Verantwortung | *„Mir hat niemand gesagt, dass es verboten ist, die Informationen weiterzugeben." oder „Ich konnte doch nicht wissen, dass die die Informationen auch nutzen wollen"* |
| Verneinung des Unrechts | *„Das Wissen, das ich weitergebe, kann doch jeder nachlesen"* |
| Ablehnung des Opfers | *„Die Firma hätte doch eh nicht mehr lange existiert." oder „Die haben mich doch dazu getrieben, dass ich mir einen neuen Job suchen musste"* |
| Verdammung der Verdammenden | *„Das macht doch jeder." oder „Ausgerechnet die da oben müssen sich aufregen. Die betrügen uns doch jeden Tag"* |
| Berufung auf höhere Instanz | *„Letztendlich sehe ich das so: ich schütze meine Familie und sehe wenigstens zu, dass meine Familie nicht auf Harz IV angewiesen ist"* |

Für wirtschaftskriminelles Verhalten werden **deliktspezifische Neutralisationsansätze** diskutiert. So wies *Coleman*[55] die in Tab. 5.2 erfassten Grundtechniken nach.

Neben den individuellen Neutralisationen und Rationalisierungen werden arbeitsplatzbezogene Subkulturen auch durch organisationstypische Neutralisationen geprägt. Hierbei bedingen bestimmte Strukturen bestimmte Rechtfertigungen. Diese reichen von der bewussten Billigung von Regelverstößen durch Organisationen bis zur kollektiven Leugnung unrechten Handelns auf der Grundlage eigner Kodizes.

*Litzcke* et al. haben in einer Studie aus dem Jahr 2010[56] Studierende der Wirtschafts- und Verwaltungswissenschaften sowie des Bachelorstudiengangs Soziale Arbeit zu deren jeweiligen **Neutralisations- und Rationalisierungsverhalten** befragt.[57] Wesentliche Ergebnisse dieser Studie waren folgende Feststellungen:

- Korrupte Handlungen des **Vorteilnehmers** wurden weniger entschuldigt, als die des **Vorteilgebers**.
- Studierende der **Verwaltungswissenschaften** empfinden korruptes Verhalten eines **Vorteilnehmers weniger entschuldbar**, als die Studierenden anderer Studiengänge.

---

[55] Coleman rekurrierte in seinem Aufsatz *„Toward an Integrated Theory of White-Collar-Crime"* auf die Ansätze von Sutherland. In Anlehnung an Sutherlands Definition von White-Collar-Crime versteht Coleman hierunter Folgendes: *„The theory of white-collar crime presented here is based on the hypothesis that criminal behavior results from a coincidence of appropriate motivation and opportunity."* (a.a.O., S. 408).

[56] *Litzcke, Maffenbeier, Lissen*; S. 599.

[57] Die Studie bezieht sich auf die Rechtfertigungsargumente von *Ashford* und *Annand* (2003) und differenziert 8 Items der individuellen Entschuldbarkeit sowie den beiden Aspekten „entschuldbar" und „nicht entschuldbar".

**Tab. 5.2**  Neutralisation wirtschaftskriminellen Verhaltens nach Coleman

| Bezeichnung | Beispiel |
|---|---|
| Verneinung des Schaden | *„Mir hat niemand gesagt, dass es verboten ist, die Informationen weiterzugeben." oder „Ich konnte doch nicht wissen, dass die die Informationen auch nutzen wollen"* |
| Ablehnung der Strafvorschrift | *„Das Wissen, das ich weitergebe, kann doch jeder nachlesen"* |
| Verlagerung der Verantwortung | *„Die Firma hätte doch eh nicht mehr lange weiterexistiert." oder „Das ist doch die Schuld vom Müller"* |
| Berufung auf Reziprozität[a] | *„Die haben mich doch dazu getrieben, dass ich mir einen neuen Job suchen musste." oder „Letztendlich haben die anderen mich doch auch unterstützt als es mir schlecht ging"* |

[a]Umfassend zur Reziprozität als Teil des sozialen Kapitals *Haug, Sonja* (1997), Soziales Kapital: ein kritischer Überblick über den aktuellen Forschungsstand, Mannheim, www.mzes.uni-mannheim.de/publications/wp/wp2-15.pdf

- Studierende der **Wirtschaftswissenschaften rechtfertigen korruptes Verhalten** sowohl beim Vorteilsgeber, als auch beim Vorteilnehmer häufiger, als Studierende anderer Studienrichtungen.

Die Daten gestatten die Interpretation, dass es **gruppenspezifische Prävalenzen** gibt, die identifizier- und zuzuordnen sind. *„Auch und gerade kleinere soziale Einheiten, wie etwa Unternehmen, bieten hier konkrete Interventionsmöglichkeiten. Werden die hier ermittelten gängigen und für das Unternehmen passenden Rechtfertigungsstrategien unbeteiligter Dritter gezielt aufgegriffen, so kann anhand von Leitbildern, normativem Management, Steuerung der Organisationskultur oder ähnlichen Instrumenten auf Einstellungsänderungen hingewirkt werden."*[58]

In den Präventionsansätzen wird es somit darauf ankommen, subkulturelle Tendenzen zu identifizieren und diesen entgegenzuwirken. Ebenso ist es hilfreich, frühzeitig durch Unternehmenskommunikation, Mitarbeiterführung und ein umfassendes Sicherheitsverständnis Neutralisation und Rationalisierung argumentativ entgegenzuwirken. Anders als in der Vergangenheit sind meines Erachtens Awarenesskonzepte stärker an diesem Impetus auszurichten und sollten nicht lediglich das Gefahrenpotential der Wirtschaftsspionage überbetonen (vgl. Abschn. 6.5).

---

[58] *Litzcke, Maffenbeier, Lissen*, S. 604.

## 5.7    Routine Aktivitäts Theorie nach Cohen und Felson

*Cohen/Felson* gingen in ihrer 1979 erschienen Abhandlung „*Social Change and Crime Rate Trends: A Routine Activity Approach*" davon aus, dass kriminelles Verhalten von drei Faktoren abhängig ist:

- „*(1) motivated offenders*
- *(2) suitable targets, and*
- *(3) the absence of capable guardians against a violation*"[59]

Abbildung 5.1 bietet eine schematische Darstellung der Wirkzusammenhänge.

Simpel ließe sich dieser Ansatz unter der Überschrift **„Gelegenheit macht Diebe"** zusammenfassen, da er deviantes Verhalten primär in einen situationsbedingten Kontext stellt.

*Cohen/Felson* führen aus, dass die Bedingungen sowohl **tatbegünstigend** *(„. . .influence the crime rates by affecting the convergence in space and time of the three minimal elements. . ."*[60]*)* als auch **taterschwerend** *(„We further argue that the lack of any one of these elements is sufficient to prevent the successful completion of a direct-contact predatory crime. . . ."*[61]*)* sein können.

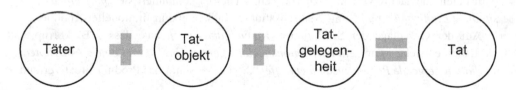

**Abb. 5.1**  Routine Aktivität Theorie

---

[59] *Cohen/Felson*, S. 589.
[60] *Cohen/Felson*, S. 589.
[61] *Cohen/Felson*, S. 589.

Der Nutzen des Tatobjekts wird hauptsächlich durch dessen Wert und Verfügbarkeit bestimmt.[62] Die Kompetenzen des Beschützers werden im Wesentlichen durch die ihm zur Verfügung stehenden Mittel und Fähigkeiten bestimmt.[63]

**Kritiker** warfen der Theorie bereits früh vor, die anomischen, subkulturellen und psychologischen[64] Aspekte zu vernachlässigen und zu stark auf situative Aspekte zu setzen.[65]

Auch wenn die Theorie stark vereinfacht ist, so bietet sie jedoch für die Präventionsansätze gegen Wirtschaftsspionage einen Mehrwert. Sofern das Tatobjekt lohnenswert, der Innentäter durch wirtschaftliche Anreize motiviert genug ist und die Sicherheitsmaßnahmen unzureichend sind, kann es zur Tatbegehung kommen.

Mit Hilfe eines wirksamen Sicherheitskonzepts (vgl. Abschn. 6.4), mit dem Tatgelegenheiten bzw. auch Tatgelegenheitsstrukturen eingeschränkt werden, können situative Faktoren eliminiert werden. Je besser die Sicherheitsmaßnahmen sind, desto schwerer ist die Tatbegehung, desto höher ist das Entdeckungsrisiko und desto unwahrscheinlicher ist die Tatbegehung.

## 5.8 Situational Action Theorie nach Wikström

Bei der Situational Action Theorie (SAT) handelt es sich um eine neuere, allgemeine Kriminalitätstheorie, die mit **integrativem Ansatz** versucht, nicht nur delinquentes, sondern bereits deviantes Verhalten zu erklären.[66] Hierbei kombiniert sie *„persönliche und situative Einflussfaktoren"*[67] mit Neutralisationstechniken und institutioneller Anomie.

Auf der Grundlage der SAT führen *Kammigan/Linssen* aus, dass z. B. korruptes Verhalten entsteht, wenn *„ein korruptionsbegünstigendes Umfeld und eine zu korruptem Verhalten neigende Person zusammentreffen"*,[68] die Tat somit das Produkt situativer und

---

[62] *„Target suitability is likely to reflect such things as value (i.e., the material or symbolic desirability of a personal or property target for offenders), physical visibility, access, and the inertia of a target against illegal treatment by offenders (including the weight, size, and attached or locked features of property inhibiting its illegal removal and the physical capacity of personal victims to resist attackers with or without weapons" Cohen/Felson*, S. 591.

[63] *„... affect the capacity of persons with criminal inclinations to overcome their targets, as well as affecting the ability of guardians to contend with potential offenders by using whatever protective tools, weapons and skills they have at their disposal. Many technological advances designed for legitimate purposes – including the automobile, small power tools, hunting weapons, highways, telephones, etc. – may enable offenders to carry out their own work more effectively or may assist people in protecting their own or someone else's person or property." Cohen/Felson*, a.a.O.

[64] *Clark* spricht hier von *„maternal deprivation"* und *„relative deprivation"*, S. 3.

[65] *Clark*, S. 3.

[66] umfassend und aktuell *Wikstöm* in MschrKrim 98. Jahrgang, Heft 3, S. 177 ff.

[67] *Kammigan/Linssen*, S. 331.

[68] *Kammigan/Linssen*, S. 333.

individueller Bedingungen ist.[69] *„Kriminelle Handlungen sind sehr wahrscheinlich, wenn eine Person mit starker Neigung zur Kriminalität auf ein kriminogenes Setting trifft."*[70]

**Situative Bedingungen** sind die Billigung abweichenden Verhaltens oder fehlende Kontrollinstanzen durch das jeweilige Umfeld.

Dies kann entweder dadurch geschehen, dass das jeweilige Umfeld den Regelverstoß explizit billigt („*Wenn die uns rausschmeißen wollen, muss sich keiner wundern, dass wir uns mit allen Mitteln was Neues suchen.*") oder ein Regelverstoß durch das Umfeld billigend in Kauf genommen wird („*Wir können doch sowieso nichts unternehmen, um zu verhindern, dass der etwas mitnimmt.*"). Zu untersuchen ist somit, ob in den betreffenden, also zumeist unternehmerischen Umgebungen motivierende und kontrollierende Aspekte vorkommen, die begünstigend oder erschwerend wirken können.[71]

**Individuelle, d. h. personenbezogene Ursachen** sind entweder die **moralische Billigung** („*individuelle Moral*"[72]) der Tat oder eine mangelnde **Selbstkontrolle** durch den Innentäter. *Bock* bezeichnet dies als „*unbewusste erfahrungsbasierte*"[73] Motive.

Die Beurteilung der **moralischen Haltung des Innentäters** gegenüber der Tat orientiert sich u. a. daran, ob diesem das Unrecht seiner Handlung tatsächlich bewusst ist. Dies kann es nur sein, wenn es durch Regeln, Verhaltensweisen, Normen etc. für ihn einen evidenten Verstoß darstellt, wenn er sich hieran nicht hält. **Normenunklarheit** trägt in jedem Fall zu einer individuellen Billigung der Tat bei.[74] Hinzu treten **emotionale Aspekte** wie die Scham und das Schuldgefühl, die der Tat entgegenwirken. Je geringer diese ausgeprägt sind, desto einfacher ist die Tat für den Täter. Die bereits diskutierten Neutralisationstechniken (vgl. Abschn. 5.6) können eine Veränderung der individuellen moralischen Perspektive zur Folge haben und dadurch ebenfalls „*handlungserleichternd*"[75] wirken.

Der Grad der individuellen Moral kann zudem vom Vermögen des Täters sich intrinsisch motiviert gegen kriminelles Handeln stellen zu können und dies auch zu wollen beeinflusst werden. Je stärker diese Fähigkeit zur **Selbstkontrolle** ausgeprägt ist, desto weniger wahrscheinlich ist es, dass er dazu verleitet wird, „*entgegen seiner oder ihrer persönlichen Moralvorstellung zu handeln.*"[76] Ist die Fähigkeit zur Selbstkontrolle z. B. durch persönliche Konflikte, einen Bruch mit den Zielen und Vorstellungen des Arbeitgebers oder andere externe Einflüsse geschwächt, kann dies tatbegünstigend wirken.

---

[69] *Wikström*, a.a.O., S. 178.

[70] *Wikström*, a.a.O., S. 181.

[71] *Kammigan/Linssen*, S. 337.

[72] *Kammigan/Linssen*, a.a.O.

[73] *Bock*, § 4, Rdnr. 227.

[74] *Kammigan/Linssen*, S. 335 mit Verweis auf *Linssen/Litzcke*.

[75] *Kammigan/Linssen*, S. 336.

[76] *Wikström*, a.a.O., S. 180.

Neben den individuellen Faktoren muss ein kriminalitätsverstärkendes und **situatives Setting** vorliegen. Unter Setting wird der *„Teil des Umfeldes (die Konfiguration von Objekten, Menschen und Ereignissen), auf den eine Person zu einem bestimmten Zeitpunkt Zugriff durch ihre Sinne (z. B. sehen, hören, fühlen) hat, einschließlich jeder Art von Medien, die gegenwärtig sind (z. B. Internet)"*[77] verstanden. Durch settingbezogene Anreize, also *„Bedingungen des näheren Umfeldes, die bestimmte Neigungen aktivieren können",*[78] kann die individuelle Bereitschaft zum Normbruch so verstärkt werden, dass der Täter zur Tat schreitet.

Ein solches Setting kann auch von **institutioneller Anomie** (vgl. Abschn. 5.2) ausgehen. Hierunter sind gesellschaftliche Bedingungen zu verstehen, in denen der wirtschaftliche Erfolg und das Streben danach als legitimes und überwiegendes Prinzip verstanden werden. Die Folge ist eine *„Ellenbogenmentalität"*[79] mit der Tendenz, normwidrige Verhaltensweisen zu akzeptieren, wenn sie dem erstrebten Anspruch dienen. Da in marktzentrierten Strukturen Moral, Kontrolle und allgemeine Werte eher eine untergeordnete Rolle spielen, fördern sie deviantes Verhalten. Die Faktoren bezeichnet *Bock* als *„bewussten intentionalen Modus".*[80]

*„Selbstinteresse und Kosten-Nutzen-Abwägungen seien typische Merkmale von Marktentscheidungen. Da nun bei einem institutionellen Übergewicht des Marktes ökonomische Rollen stärker favorisiert würden, steige zugleich die Wahrscheinlichkeit, dass Menschen Situationen verstärkt als marktähnlich wahrnehmen. Dadurch werde zugleich häufiger der bewusste Modus im Sinne der SAT und damit auch die Möglichkeit von Selbstinteresse, »Rational Choice« und Neutralisierung aktiviert. Kriminelle Handlungsalternativen rückten so eher in den Bereich des Denkbaren und würden nicht schon vorher automatisch aussortiert."*[81]

Vereinfacht könnte man sagen, dass sich v. a. stark **marktorientierte und ökonomisch zentrierte Organisationen** ihre potentiellen Innentäter heranziehen, da sie ihnen Rechtfertigung und Neutralisation gestatten.

*Wikström* glaubt, dass Kriminalität das Ergebnis einer *„kausalen Kettenreaktion"*[82] ist und die eigentlichen Ursachen in der individuellen Prädisposition (*„setting"*) liegen. Bezogen auf diese bietet das in Abb. 5.2 dargestellte SAT Modell keine Anhaltspunkte.[83]

Bedeutung bekommt das SAT Modell dadurch, dass es Bereiche aufzeigt, an denen **kausale Handlungsketten** geschlossen werden und am Ende deviantes Verhalten

---

[77] *Wikstöm*, a.a.O., S. 179.

[78] *Wikström*, a.a.O., S. 179.

[79] *Kammigan/Linssen*, S. 342.

[80] *Bock*, § 4, Rdnr. 227.

[81] *Kammigan/Linssen*, S. 343.

[82] *Bock*, § 4, Rdnr. 231.

[83] *Bock*, a.a.O.

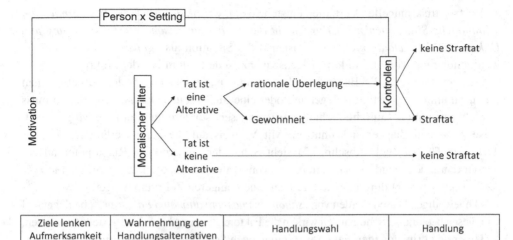

**Abb. 5.2**  Grundkonzept der situativen Handlungstheorie in Anlehnung an Wikström und Bock

wahrscheinlich machen. An diesen Punkten kann mit geeigneten Sicherheitsmaßnahmen angesetzt werden und durch gescheites Handeln das Tatrisiko vermindert werden.

Zusammenfassend ist davon auszugehen, dass Taten geschehen, wenn die Täter *„(1) selbst ein solches Verhalten nicht unbedingt falsch finden und ihr aktuelles Handlungsumfeld dem nicht entgegensteht (entweder findet man das Verhalten dort ebenso wenig falsch, oder die Gelegenheit ist günstig, weil gerade keine wirksam abschreckenden Kontrollen vorhanden sind), wenn sie (2) selbst eine solche Handlung zwar eigentlich falsch finden, sich aber durch ihr unmittelbares Handlungsumfeld dazu verleitet oder gedrängt sehen und sich dem nicht durch ausreichend Selbstkontrolle widersetzen können, oder wenn sie (3) automatisiert mit korruptem Verhalten auf bestimmte Reize der Situation reagieren (etwa aus Gewohnheit, aufgrund starker Emotionen oder unter großem Stress; vgl.* Wikstrom *2010, 223).“*[84]

Eine praktische Chance bietet die SAT dann, wenn Präventionskonzepte gegen Wirtschaftsspionage die individuellen Faktoren und situative Settings erfassen.

## 5.9    Leipziger Verlaufsmodell nach Schneider

*Schneider* geht in seinem Modell davon aus, dass die bekannten klassischen Kriminalitätstheorien nur unzureichende Erklärungsansätze für wirtschaftskriminelles Verhalten beinhalten. Er entwickelt auf der Basis dieser Ansätze ein Phasenmodell bei dem kriminovalente Faktoren begünstigend und kriminoresistente Faktoren erschwerend wirken.[85]

---

[84] *Kammigan/Linssen*, S. 334.

[85] *Schneider*, S. 559 mit Verweis auf *Bock*.

Wirtschaftskriminelles Verhalten entstehe dann, wenn „*der Blick des Handelnden auf kriminogene Situationen frei ist und nicht durch eine puristische Wertorientierung und Unkenntnis der Abläufe blockiert*"[86] ist und die Situation als „*günstige Gelegenheit*"[87] wahrgenommen wird und in letzter Konsequenz zu deviantem Handeln führt.

Ausgangspunkt ist die Bewertung des Innentäters, ob es sich bei der vorgefundenen Situation um eine günstige Gelegenheit oder eine Sicherheitslücke handelt. Hierzu muss er nicht nur um die **tägliche Arbeitsroutine** wissen, sondern auch um die Möglichkeit, diese zu seinen Gunsten auszunutzen. Mit Verweis auf die bereits erläuterte *Routine Aktivitäts Theorie* (vgl. Abschn. 5.7) sieht Schneider ein erhöhtes Risikopotential bei wiederkehrenden Handlungsabläufen, die vom Täter oft anonym (exempl. „*home offices*"), ohne Aufsicht durch Dritte und über einen längeren Zeitraum ausgeübt werden.[88]

Die jeweiligen Phasen werden von „*situativen und motivationalen Faktoren*"[89] begleitet und von diesen beeinflusst. Schematisch wirken die Faktoren wie in Abb. 5.3 dargestellt zusammen.

Unter den kriminogenen Faktoren nehmen nach *Schneider* negative Emotionen gegenüber anderen – insbes. dem Arbeitgeber –, anomischer Druck aufgrund unrealistischer Ansprüche, die Einbindung in arbeitsplatzbezogene Subkulturen, das individuelle Vorhandensein von Neutralisationsmechanismen und ein modernes, materialistisches Werteverständnis eine entscheidende Bedeutung ein.

Die Faktoren Anomie (vgl. Abschn. 5.2), arbeitsplatzbezogene Subkulturen (vgl. Abschn. 5.5.2) und Neutralisation (vgl. Abschn. 5.6) wurden an anderer Stelle bereits näher erläutert.

Interessant ist die **tatbegünstigende Wirkung negativer Emotionen gegenüber dem Arbeitgeber**. *Litzcke et al.* bezeichnen diesen Effekt auch als „*Organisationaler Zynismus*".[90] Hierunter verstehen sie „*eine negative Einstellung eines Arbeitnehmers gegenüber seiner Organisation, die drei Dimensionen umfasst [...], Glauben, dass es der Organisation an Integrität mangelt, negative Gefühle gegenüber der Organisation und Tendenz zu abschätzigem und kritisierendem Verhalten.*"[91] Als wesentliche Ursachen für deren Entstehung gelten fehlendes Vertrauen in das Management und eine Gerechtigkeitslücke im Unternehmen.[92] Der Grad des tatbegünstigenden Zynismus gegenüber der Organisation hängt somit unmittelbar mit Managementverhalten und -entscheidungen zusammen. Besonders in Zeiten organisatorischer Veränderungen, die

---

[86] *Schneider*, S. 561.

[87] *Schneider*, a.a.O.

[88] *Schneider*, S. 560 f.

[89] *Schneider*, S. 558.

[90] *Litzcke, Maffenbeier, Linssen, Schilling*, S. 69.

[91] *Litzcke, Maffenbeier, Linssen, Schilling*, a.a.O.

[92] *Litzcke, Maffenbeier, Linssen, Schilling* sprechen von (a) wahrgenommener, prozedualer Ungerechtigkeit, (b) wahrgenommener, distributiver Ungerechtigkeit und (c) wahrgenommener, interaktionaler Ungerechtigkeit (a.a.O.).

| | **Kriminogene Situation** | | |
|---|---|---|---|
| | *Wahrnehmungsfilter* | | |
| | puristische Wertorientierung | | Kenntnis der Abläufe |
| Stufe 1 | **Bemerken** der Situation | | |
| | **Blockade ←** | | **→ Freier Blick** |
| | *Individuelle Risikofaktoren* | | |
| | • Zufriedenheit und Wertschätzung <br> • Adäquates Anspruchsniveau <br> • reales Verhältnis zu Geld und Eigentum <br> • moderne idealistische oder traditionelle Werte | | • Frustration und Kränkung <br> • inadäquates Anspruchsniveau <br> • fehlendes Verhältnis zu Geld und Eigentum <br> • moderne materialistische Werte <br> • Neutralisierungsstrategien |
| Stufe 2 | **Bewerten** der Situation als | | |
| | **Sicherheitslücke ←** | | **→ Günstige Gelegenheit** |
| | *Verdichtung des individuellen Risikos* | | |
| | **Verhaltensalternativen ←** | | **→ „Kritische" Relevanzbezüge** |
| Stufe 3 | **Handeln** in der Situation | | |
| | **Fantasie ←** | | **→ Straftat** |

**Abb. 5.3** Das Leipziger Verlaufsmodell wirtschaftskriminellen Verhaltens in Anlehnung an Bock und Schneider.

schlecht kommuniziert und intransparent sind sowie mit ungerecht empfundenen Status-änderungen einher gehen, kann aufkommende Frustration gegenüber der Organisation kriminalitätsbegünstigend wirken. Denkbar wäre, dass Insiderwissen gezielt erhoben und missbräuchlich verwendet wird. Sei es, um dem Unternehmen einen Schaden zuzufügen, oder auch um sich selbst zu begünstigen.

*Richter/Liebig* haben die **organisationsbedingten Faktoren** auf deviantes Verhalten in Unternehmen ebenfalls beschrieben. Sie konnten in ihren Untersuchungen zum Dieb-stahlverhalten in Unternehmen herausarbeiten, dass *„unfaire Behandlung am Arbeitsplatz insbesondere im persönlichen Umgang (interpersonelle Fairness) und bzgl. des indivi-duellen Arbeitsertrages (distributive Fairness) [...] zu negativen Gefühlszuständen führen [...], welche die Grundlage der Motivation für organisationsschädigendes"*[93] Verhalten bilden kann.

---

[93] *Richter/Liebig*, S. 19.

Antagonistisch zu den o. a. **kriminovalenten Faktoren** wirken puristische Grundüberzeugungen, familiäre Bindungen, realistische Ansprüche und traditionelle Werteausrichtung.

Der Vorteil des Leipziger Verlaufsmodells liegt darin, dass es nicht nur die kriminalitätsbegünstigenden Faktoren erfasst, sondern auch Hinweise zu Prävention durch die Identifikation **kriminoresistenter Faktoren** bietet. Hierauf soll im Rahmen der Handlungserfordernisse eingegangen werden (vgl. Abschn. 6.4).

## 5.10   Kriminologische Erkenntnisse zu Cyberkriminellen

Ebenso facettenreich wie die Formen der echten und unechten Computerdelikte in der Begehungsweise sein können, sind die Motive, die die Täter zu ihrem Handeln heranziehen. Deutschsprachige Literatur, die sich mit kriminologischen Erklärungsansätzen befasst, findet sich kaum; Literatur, die sich mit „elektronischer" Wirtschaftsspionage oder -ausspähung befasst, gar nicht.

Eine überwiegende Theorie zur Erklärung abweichenden Verhaltens im Cyberraum zu finden, ist kaum möglich. Zu verschieden sind die Begehungsweisen und die hiermit verbundenen Motive. Man unterscheidet in jedem Fall **gruppenspezifische und individuelle Begehungsweisen** und Motive.

### 5.10.1 Gruppendynamische Ansätze

Einen ersten Eindruck über die vielfältigen **Gruppierungen und Motive** geben *Broadhurst* u. a. in *„Organizations and Cyber crime: An Analysis of the Nature of Groups engaged in Cyber Crime"*. Die Verfasser gehen davon aus, dass ein Großteil krimineller Aktivitäten im Internet durch organisierte Gruppen begangen werden. Sie differenzieren dabei[94]:

| Typ | Bezeichnung | Merkmale |
| --- | --- | --- |
| I | *„Swarm"* und *„Hubs"* | Swarm (Schwarm) = unorganisierte Gruppen mit gemeinsamen, zumeist ideologischen Zielen ohne Leitung (Bsp.: Anonymus) <br> Hub (Mittelpunkt) = organisierte Struktur mit einem Zentrum und dezentral kriminell Aktiven (Bsp.: Silk Road) |
| II | *„Hybrids"* | Gruppen, die kriminelle Aktivitäten sowohl *„online"* als auch *„offline"* begehen (Bsp.: Carder und Skimming; online entwendete Daten werden für Warenkreditbetrug benutzt.) |
| III | *„Hierachies"* und *„Aggregate"* | Hierachies (Hierarchien) = Traditionell kriminelle Gruppierung, die auch Online-Delikte begehen <br> Aggregate (Gesamtheit) = Lose Zusammenschlüsse temporär aktiver Krimineller |

---

[94] *Broadhurst* et al., S. 5 f.

Im Kontext gruppendynamischer Erscheinungsformen sehen *Broadhurst et al.* auch die **staatlich intendierte Computerkriminalität**. Sie konstatieren eine gravierende Anstieg staatlicher oder staatlich geförderter („*state-sponsored*") illegaler Aktivitäten. Hierbei nehmen die Akteure entweder eine aktive Rolle durch eigenes Handeln oder alternativ durch Unterlassen staatlicher Kontrolle ein.

Zwischen diesen beiden Polen finden sich Überschneidungen: "*In between these polar extremes, one might find formal collaboration between state and non-state entities; loose cooperation between state authorities and private criminal actors; active sponsorship by the state; tacit encouragement of non-state crime; the state turning a "blind eye" to the activity in question; and state incapacity to control private illegality (Stohl 2014).*"

## 5.10.2 Individuelle Ansätze

Bei Betrachtung **individueller Kriminalitätstheorien** stellt sich die Frage, ob bewährte Erklärungsmodelle für den Phänomenbereich Cybercrime anwendbar sind, oder ob es eigener Modelle bedarf.

### 5.10.2.1 Cyber-Kriminologie am Beispiel der Space Transition Theory

*Jaishankar* hat 2007 in einem Beitrag im International Journal of Cyber Criminolgy postuliert, dass die allgemeinen Theorien zur Begründung devianten Verhaltens im Internet nicht ausreichen. Hierzu hat er die *Space Transition Theory* (STT) entwickelt.[95]

*"The postulates of the theory are:*

1. *Persons, with repressed criminal behavior (in the physical space) have a propensity to commit crime in cyberspace, which, otherwise they would not commit in physical space, due to their status and position.*
2. *Identity Flexibility, dissociative anonymity and lack of deterrence factor in the cyberspace provides the offenders the choice to commit cyber crime.*
3. *Criminal behavior of offenders in cyberspace is likely to be imported to physical space which, in physical space may be exported to cyberspace as well.*
4. *Intermittent ventures of offenders in to the cyberspace and the dynamic spatio-temporal nature of cyberspace provide the chance to escape.*
   (a) *Strangers are likely to unite together in cyberspace to commit crime in the physical space.*
   (b) *Associates of physical space are likely to unite to commit crime in cyberspace*
5. *Persons from closed society are more likely to commit crimes in cyberspace than persons from open society.*
6. *The conflict of norms and values of physical space with the norms and values of cyberspace may lead to cyber crimes."*

---

[95] *Jaishankar*, Cyber Criminolgy, S. xxviii.

Die STT weist viele Ähnlichkeiten mit anerkannten allgemeinen Theorie auf. *Jaishankar* nimmt an, dass der Rückzug in den Cyberraum deshalb erfolgt, da sie hier Anonymität, geringe Überwachung und ausreichend Gelegenheit zu deviantem Verhalten vorfinden. Letztendlich ist dies nichts anderes, als günstige Tatgelegenheiten im Sinne des Rational-Choice Approach nach *Cohen/Felson* (vgl. Abschn. 5.7).

### 5.10.2.2 Klassische Erklärungsansätze

*Broadhurst* glaubt, dass die primäre **Motivation** vieler Cyberkrimineller nicht finanziell begründet ist. Er sieht **ideologische** (*„libertarian ideology"*) oder **technische** Motive (*„technological challenge"*) sowie **individuelle Gefühle** (*„celebrity obsession, and revenge against a former employer"*) als treibende Kräfte an.[96]

Vor allem bei **Cyberkriminellen**, die echte oder unechte Computerdelikte begehen, die im weitesten Sinn **Vermögens- oder Wirtschaftsstraftaten** sind, gehe ich davon aus, dass die Motivlage primär materielle Ursachen hat. Der Computer wird Tatmittel. Die Motive decken sich mit denen, die auch „offline" agierende Kriminelle antreiben.

Wie bereits geschildert, handelt es sich beim **Internet** um den **perfekten Tatort** (vgl. Abschn. 3.5). Leider gelten dieselben Bedingungen oftmals auch für das **Intranet**, also unternehmensinterne Netzwerke. Hier müssen Täter nicht damit rechnen, allzu leicht identifiziert zu werden, da oftmals die technischen Bedingungen hierfür nicht vorliegen und die Überwachungsmöglichkeiten – v. a. des Arbeitsgebers gegenüber potentiellen Innentätern – auch durch rechtliche Rahmenbedingungen stark limitiert sind. Diese kriminogenen Faktoren wirken kriminalitätsfördernd.

Perspektivisch wäre es wichtig, dass sich die Kriminologie intensiver mit dem Phänomen Cyberkriminalität auseinandersetzt. Computerdelikte werden die große Herausforderung für Behörden und Unternehmen in der Zukunft sein. Hier kann sich die Kriminologie als Disziplinen übergreifende Wissenschaft stärker als bisher einbringen. Interessant wird der Diskurs sein, ob allgemeine Erklärungsansätze v. a. bei den unechten Computerdelikten eine herausragende Rolle spielen und ob bei den echten Computerdelikten eine eigenständige **Cyber-Kriminologie** im Kontext aktueller Diskussion z. B. über eine **Risikokriminolgie** entwickelt werden muss.

---

[96] *Broadhurst* et.al., S. 16.

## 5.11   Zwischenfazit

**Conclusion**

- Wenn man annimmt, dass **Wirtschaftsspionage** – unabhängig von der rechtlichen Zuordnung – phänomenologische Bezüge zur **Wirtschaftskriminalität** aufweist, dann können kriminologische Theorien herangezogen werden, um wirtschaftskriminelles Verhalten zu verdeutlichen.

- Darauf zu hoffen, dass es eine **allgemeinverbindliche und universal anwendbare Theorie** gibt, die deviantes Verhalten von Innentätern zum Nachteil des eigenen Arbeitgebers erklärt, ist eine überstrapazierte Hoffnung, die keine Entsprechung in Theorie und Praxis finden wird.

- Je nach **individueller Prädisposition** und **den begleitenden kollektiven Rahmenbedingen** wirken multiple Faktoren zusammen, die kriminovalent und -resistent sind.

- **Innentäter**, die aus **egoistischen, zumeist wirtschaftlichen Gründen** handeln, tun dies zumeist aus **individuellen** (anomischen) oder **organisationsbedingten Motiven**.

- Die Zugehörigkeit zu **arbeitsplatzbezogenen Subkulturen, organisatorischer Zynismus** gegenüber dem eigenen Arbeitgeber oder eine **fehlende Unternehmens- und Sicherheitskultur** können kriminovalent wirken.

- **Kriminoresistent** hingegen können **transparente Führungs- und Organisationsprozesse** in den Unternehmen, die **Erschwerung der Tatgelegenheit** und die **Erhöhung des Entdeckungsrisikos** durch geeignete Sicherheitsmaßnahmen sein.

# Präventionsansätze 6

> *„Das Problem der industriellen Sicherheit hat mit allen anderen
> betriebsorganisatorischen Problemen gemein, daß es
> ausschließlich auf einer Rangstufe gelöst werden kann, die auch
> über die nötige Autorität verfügt." (Bergier 1972)*

**Zusammenfassung**

Präventionskonzepte sollen Tatgelegenheiten reduzieren und Entdeckungswahrscheinlichkeiten erhöhen.

Aus der Überlegung heraus, dass es keine monokausalen Erklärungsansätze für Kriminalität gibt, folgt, dass sich die auch nicht mit singulären Handlungsoptionen eingrenzen lässt.

Der beschriebene RADAR-Ansatz umfasst die Implementierung eines umfassenden Handlungsansatzes.

Durch Risikobeurteilung sind relevante Informationen ebenso zu identifizieren wie kriminogene Faktoren.

Die Auswahl von Mitarbeitern und Partnern muss risikobasiert und strukturiert erfolgen.

Durchgängige Sicherheitskonzepte beinhalten die physische Sicherheit ebenso wie organisatorische und prozessuale Aspekte.

Awarenesskonzepte dürfen nicht nur für Aufmerksamkeit sorgen, sondern müssen auch die notwendigen Handlungsstrategien und Fähigkeiten vermitteln.

Regelmäßige Auditierungen kontrollieren die Wirksamkeit der eingeleiteten Sicherheitsmaßnahmen und die Folgerichtigkeit der Risikobeurteilung.

© Springer Fachmedien Wiesbaden 2016
D. Fleischer, *Wirtschaftsspionage*, DOI 10.1007/978-3-658-11989-8_6

Die vorausgegangenen Überlegungen zu den phänomenologischen Besonderheiten der Wirtschaftsspionage haben Evidenzen und Wirkungszusammenhänge aufgezeigt, die in den abzuleitenden Präventionsansätze zu berücksichtigen sind.

Entscheidend kommt es darauf an, nicht singuläre Handlungsstränge festzulegen, sondern ein in sich schlüssiges Maßnahmenbündel zu definieren. Ziel der Einzelmaßnahmen ist es, tatbegünstigende Faktoren zu reduzieren, Entdeckungsrisiko zu erhöhen und in letzter Konsequenz Wirtschaftsspionage zu verhindern. Die Prozessverantwortung für das Maßnahmenbündel sollte in einer Hand – z. B. der Sicherheitsabteilung – liegen, während die Prozessverantwortung für die Teilprozesse in den Fachabteilungen liegen kann.

Das amerikanische **FBI** rät Unternehmen zu folgendem Maßnahmenbündel[1]:

*„Methods for Economic Protection*

- *Recognize the threat.*
- *Identify and value trade secrets.*
- *Implement a definable plan for safeguarding trade secrets.*
- *Secure physical trade secrets and limit access to trade secrets.*
- *Provide ongoing security training to employees.*
- *Develop an insider threat program.*
- *Proactively report suspicious incidents to the FBI before your proprietary information irreversibly compromised."*

Die Empfehlungen lassen sich wie folgt zusammenfassen:

- Risikoidentifizierung und -klassifikation
- Sicherungskonzeption
- Awareness und Trainings für Mitarbeiter
- Zusammenarbeit mit den Sicherheitsbehörden

Dieser Ansatz spiegelt sich in den nachfolgenden Absätzen wieder.

## 6.1   RADAR Ansatz

Das nachfolgend verwendete Akronym RADAR soll sprichwörtlich ein System generieren, mit dem Innentäter auf den „Radar-Schirm" der Sicherheitsverantwortlichen kommen und umfassend alle erforderlichen Aktivitäten im Auge behalten werden.

**R** – Risikobeurteilung
**A** – Auswahl von Mitarbeitern und Partnern

---

[1] https://www.fbi.gov/about-us/investigate/counterintelligence/economic-espionage

**D** – Durchgängiges Sicherheitskonzept
**A** – Awarenessbildung
**R** – Regelmäßige Auditierung

## 6.2   R – Risikobeurteilung

Ausgangspunkt eines wirksamen Sicherheitskonzepts ist eine umfassende Risikobeurteilung. Diese muss sich auf relevante Unternehmensbereiche, also die Identifikation relevanter Unternehmensinformationen (1. Ebene), ebenso erstrecken, wie auf die Identifikation individueller und organisatorischer kriminogener Faktoren (2. Ebene) sowie geeigneter Tatbegehungsweisen (3. Ebene). Eine Darstellung der hier erwähnten Ebenen findet sich in Abb. 6.1.

Die **Identifikation geeigneter Tatobjekte** – also „lohnenswerter" Unternehmensdaten, ist ein dynamischer Prozess, da die Einstufung der Daten zu unterschiedlichen Zeiten mitunter zu verschiedenen Risikokategorien führen kann. So kann ein bislang nebensächliches Forschungsergebnis schlagartig wesentlich werden, wenn es in Kombination mit einer anderen Studie zu einem marktbeherrschenden Produkt führt.

### 6.2.1   Geht es immer nur um „Kronjuwelen"?

Es geht also <u>nicht</u> nur darum, die viel zitierten „*Kronjuwelen*" zu identifizieren, sondern im Rahmen einer **permanenten 360° Grad Beurteilung** relevante Einzeldaten zu erkennen und diese zu gewichten.

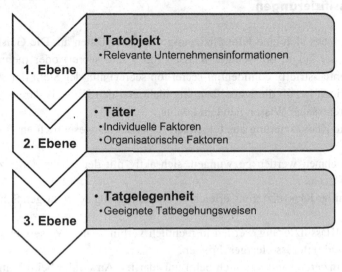

**Abb. 6.1**  Ebenen der Risikobeurteilung

Leider hat sich diese Begrifflichkeit und auch das hiermit verbundene Vorgehen im Denken stark verfestigt. Ich persönlich halte diesen Ansatz mittlerweile aus zwei Gründen für gefährlich:

1. Der **Angreifer definiert, was für ihn wesentlich ist**! Salopp würde man formulieren: Der Wurm muss dem Fisch schmecken und nicht dem Angler. Wenn man sich ausschließlich auf die Top Business Secrets beschränkt, kann es geschehen, dass auf den ersten Blick nebensächliche, wenngleich jedoch vitale Informationen vergessen werden.
2. Eine Betrachtung, die sich ausschließlich mit Kronjuwelen befasst, bietet dem Management und den Anwender **Exkulpations- und Vermeidungsoptionen**. Leider hören wir in der beruflichen Praxis allzu oft die Formulierung „Bei mir gibt es nichts, was nicht jeder lesen könnte!". Diese Formulierungen sind ein Reflex auf die Kronjuwelen oder Rocket Science Diskussion. Dadurch, dass die Werthaltigkeit der eigenen Informationen verneint wird, verschafft sich der zum Informationsschutz Verpflichtete die Möglichkeit, die gebotenen Maßnahmen nicht zu treffen.

### 6.2.2 Verantwortlichkeiten

Verantwortlich für diesen Prozess sind die sog. **Riskowner**. Im Sinne der o.a. kriminologischen Erklärungsansätze müssen diese die „*suitable targets*" (vgl. Abschn. 5.7) ihres Unternehmensbereichs finden. In der Praxis hat es sich bewährt in sog. RISK-Workshops in Managementteams in einem strukturierten Prozess, ein Risikoinventar relevanter Informationen zu erstellen.

### 6.2.3 Klassifizierungen

In jedem Fall bietet sich eine **Klassifizierung** relevanter Daten an. Die Geister scheiden sich noch an der Frage, ob weniger Klassen (open und secret) oder mehrere Klassen (open-confidential-strictly confidential-secret-top secret) nun der Stein der Weisen sind. Ebenso umstritten ist, ob die Klassifizierung nicht erst den Hinweis darauf gibt, dass es sich hier um relevantes Wissen handeln könnte.

Ich sehe die Klassifizierung aus folgenden Aspekten als wesentlich an:

1. Die Unternehmen werden gezwungen, sich aktiv mit der Risikoidentifizierung auseinanderzusetzen.
2. Eine eindeutige Klassifizierung erleichtert die Zuordnung der richtigen Schutzmaßnahmen.
3. Durch die Klassifizierung werden in rechtlich verbindlicher Weise Geheimhaltungsbedürfnis und -interesse festgeschrieben.
4. Eine Klassifizierung initiiert auch beim unbedarften Anwender beim Umgang besondere Sorgfalt.

**Tab. 6.1**  Definition der Klassifizierungen

| CONFIDENTIAL | → | Unautorisierte Weitergabe könnte **unvorteilhafte Konsequenzen** haben |
|---|---|---|
| STRICTLY CONFIDENTIAL | → | Unautorisierte Weitergabe könnte **schädliche Konsequenzen** haben |
| SECRET | → | Unautorisierte Weitergabe könnte die **Existenz einzelner Geschäftsbereiche gefährden** |
| TOP SECRET | → | Unautorisierte Weitergabe könnte die **Existenz des gesamten Unternehmens gefährden** |

Wer sich entscheidet, mit einer Klassifizierung zu arbeiten, kann auf die **Definitionen** in Tab. 6.1 zurückgreifen.

Auf einer zweiten Ebene sind die **individuellen und organisatorischen, kriminogenen Faktoren** zu identifizieren.

Als individuelle Aspekte sind, neben den herausgearbeiteten Risikopotentialen (Alter, Geschlecht, Unternehmenszugehörigkeit etc.) u.a. anomische Faktoren (Schulden, Ehrgeiz, Machtstreben; vgl. Abschn. 5.2) relevant. Im Sinne der verwendeten Diktion geht es um die Identifikation des „*motivated offender*" (vgl. Abschn. 5.7).

Die routinierte Betrachtung dieser Perspektive bringt obligatorisch moralisch-ethische, sowie **datenschutzrechtliche** Fragen auf die Tagesordnung.

**Moralisch-ethisch** kann die Frage gestellt werden, ob es den Unternehmen gestattet ist, Mitarbeitern per se deviantes Potential zu unterstellen. Ohne diesen Diskurs in der eigentlich gebotenen Dialektik ausgiebig führen zu können, sind folgende Gedanken in der Diskussion angebracht: es geht nicht darum, sämtliche Mitarbeiter unter Generalverdacht zu stellen; es geht darum, mitunter vitale Risikopotentiale zu erkennen.

Ebenso wie es im Verhältnis zu Lieferanten oder bei rechtlich besonders verpflichteten Mitarbeitern (z. B. an sog. sicherheitsrelevanten Stellen im Sinne des vorbeugenden personellen Sabotageschutzes[2] oder Anlageberater bei Banken[3]) eine Unternehmerpflicht gibt, deren Zuverlässigkeit festzustellen, muss dieses auch bei riskanten Funktionen im Informationsschutzkontext möglich sein. Hierbei ist **praktische Konkordanz** zwischen den **Interessen der Gesamtheit sämtlicher Mitarbeiter** am Fortbestand eines Unternehmens, der unternehmerischen Grundinteressen und den **individuellen Interessen** des zu Überprüfenden einzubeziehen. Ein **transparenter und verbindlicher Prozess**

---

[2] Einzelheiten hierzu z. B. unter https://bmwi-sicherheitsforum.de/shb/start/

[3] http://www.bafin.de/DE/Aufsicht/BankenFinanzdienstleister/Anzeige-Meldepflichten/Mitarbeiter Beschwerderegister/mitarbeiterbeschwerderegister_artikel.html

kann auf die individuelle Wertung einer Situation durch den Innentäter als günstige Gelegenheit Einfluss haben und somit präventiv wirken.

Neben den individuellen Faktoren sind **organisatorische Faktoren** zu beurteilen. Hierzu zählen Mitarbeiterzufriedenheitsindizes, individuelle Befragungen ebenso wie Angaben zu Krankenständen. Da der destruktive Einfluss *„organisatorischem Zynismus"* (vgl. Abschn. 5.9), interpersoneller und distributiver Fairness (vgl. Abschn. 5.9) und *„arbeitsplatzbezogener Subkulturen"* (vgl. Abschn. 5.5.2) erheblich ist, müssen diese Faktoren im Rahmen organisationsspezifischer Betrachtungen berücksichtigt werden.

Letztlich ist auf der dritten Ebene, die Perspektive des *„capable guardian" (vgl.* Abschn. 5.7) zu betrachten. Eine umfassende Risikobeurteilung muss auch die Tatgelegenheitsstrukturen beleuchten. Mit den Augen des potentiellen Angreifers sind Schwachstellenanalysen durchzuführen und Lücken im Sicherheitssystem zu identifizieren.

Bei allen Überlegungen gilt, dass ein **Frühwarnsystem** nur dann sinnvoll ist, wenn es **verbindlich, transparent und nachvollziehbar** ist. Neben der Akzeptanz und Rechtmäßigkeit geht es auch um die präventive Wirkung, die von einem guten Risikomanagementsystem ausgeht.

---

**Checkliste**

| **Identifikation geeigneter Objekte/Informationen** | ☑ |

- Größtes Schadenspotential für Unternehmen?
- Größte Eintrittswahrscheinlichkeit?
- Was würde Sie beim Mitbewerber interessieren?
- Verantwortlichkeiten (Riskowner) definieren!
- mit dem Managementteam im Rahmen eines Workshops (RISK Identifikation Workshop) identifizieren
- Risikoinventar erstellen (Liste mit Kritikalität, Klassifizierung und Verantwortlichkeit)
- Informationen klassifizieren

| **Identifikation günstiger Tatgelegenheiten** | ☑ |

- Klare Regeln für den Umgang mit wichtigen Informationen und Unterlagen am Arbeitsplatz festschreiben!
- Verantwortlichkeiten für Sicherheitsaudits definieren
- Standardcheckliste für Sicherheitsüberprüfungen erstellen
- ggf. Kombination von Arbeitsplatzbegehungen (Safety) mit Sicherheitsaudits

| **Identifikation kriminogener Faktoren** | ☑ |

- individuelle Risikofaktoren (Anomie, Verschuldung, Frustration) bei prozessrelevanten Mitarbeitern
- kollektive Risikofaktoren (Umstrukturierungen, Auflösung von Abteilungen, organisationsbedingter Zynismus, starker gruppendynamischer Druck zu Statusdenken oder Konformität) v. a. in Schlüsselbereichen (IT, Forschung und Entwicklung, Controlling, Patentabteilung etc.)

## 6.3    A – Auswahl von Mitarbeitern und Partnern

### 6.3.1   Auswahl von Mitarbeitern

Eine südafrikanische Untersuchung ergab, dass in **25 % der Lebensläufe**, die von Führungskräften vorgelegt wurden, **wahrheitswidrige Angaben** gemacht wurden. In 24 % der Fälle seien die vorgelegten **Qualifikationsnachweise ungültig**.[4] Diese Daten konnten erhoben werden, da in Südafrika ein „Vetting" oder „Pre-Employment Screening" obligatorisch erfolgt.

Ähnliche Tendenzen gibt die Studie des britischen Fraud Prevention Service CIFAS wieder: *„Employment Application Frauds were the most commonly recorded type of internal fraud in 2013 – accounting for over 50 % of all the internal frauds. This is significant as it is the first time since the founding of the Internal Fraud Database that such fraudulent attempts to gain employment accounted for the majority of insider frauds. These figures underline the particular vulnerability that organizations face during a period when the first signs of economic recovery make themselves known. As competition for jobs remains fierce, organizations need to be sure that any new recruits are precisely who they claim to be."*[5]

> *„Fraudsters are imaginative, creative and resourceful. And this is particularly true when the fraudster is an insider, because they are perfectly placed to spot and exploit any weaknesses. whether in processes and internal controls or simply because they assume that such rules do not apply to them."*

Zuverlässigkeitsüberprüfungen von Mitarbeitern stellen in Deutschland eine **besondere Herausforderung** dar. Vor allen in den Fällen, in denen es keine eindeutige Rechtspflicht für die Unternehmen gibt, werden Überprüfungen überwiegend nicht durchgeführt.[6] Mit dem Hinweis auf den Datenschutz werden selbst bei Risikofunktionen und der expliziten Einwilligung des Betroffenen Überprüfungen abgelehnt. Dabei ist das **Gefahrenpotential** gerade bei dieser Personengruppe am höchsten.

Eine rechtliche Annäherung an diese Thematik, die in der **Komplexität** hier nur angerissen werden kann, könnte anhand des in Abb. 6.2 dargestellten Stufenmodells erfolgen.

---

[4] Employee Screening and Investigations, Statistics for the first Half of 2014, Quelle: www.ifacts.co.za

[5] CIFAS, Employee Fraudscape, S. 4.

[6] *Joussen* umfassend zur Mitarbeiterkontrolle; NZA-Beilage 2011.

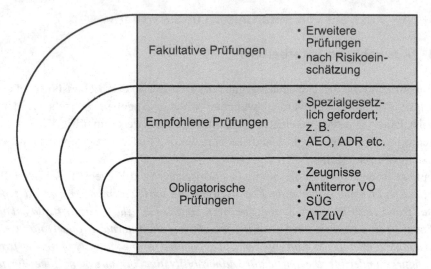

**Abb. 6.2**  Stufenmodell Zuverlässigkeitsüberprüfungen

**Obligatorische Prüfungen**
* Diese müssen v. a. immer dann stattfinden, da sie rechtlich gefordert sind.

Es ist z. B. bei Mitarbeitern der Fall, die in sog. sicherheitsrelevanten Stellen eingesetzt werden. Hier ist eine Überprüfung nach Sicherheitsüberprüfungsgesetz (**SÜG**) zwingend. Problematisch ist, dass der Begriff der „sicherheitsrelevanten Stelle" aus dem „alten" Sabotageschutzrecht kommt und daran ausgerichtet ist. Wenn man der Idee folgt, dass Wirtschaftsspionage volkswirtschaftliche Sabotage sein kann, dann wäre eine Anpassung der „sicherheitsrelevanten Stelle" in der Form hilfreich, dass auch für den wirtschaftlichen Fortbestand des Unternehmens riskante Stellen identifiziert werden, die obligatorisch überprüft werden. Im Banken- und Kreditwesen gibt es bereits spezialgesetzliche Regelungen, die vergleichbares ermöglichen. So müssen Anlageberater, Mitarbeiter in Vertriebsorganisationen sowie Compliance Mitarbeiter zuverlässig sein und in einer Beraterdatenbank beim BAFIN erfasst werden.[7]

---

[7] http://www.bafin.de/DE/Aufsicht/BankenFinanzdienstleister/Anzeige-Meldepflichten/Mitarbeiter Beschwerderegister/mitarbeiterbeschwerderegister_artikel.html

**Empfohlene Prüfungen**

- Diese verlangen auf der Grundlage einer Risikoidentifizierung die Zuverlässigkeit der eigenen Mitarbeiter, z. B. durch einen regelmäßigen Abgleich gegen die sog. Terror- oder Embargolisten, sicherzustellen.

Unter diese Normen fallen z. B. Regelungen, die die **Zuverlässigkeit von Wirtschaftspartnern** (Authorized Economic Operator/AEO) betreffen.[8] Leider gibt es auch hier unterschiedliche Rechtsauffassungen über die Zulässigkeit. So geht der Düsseldorfer Kreis davon aus, dass derartige Prüfungen rechtswidrig sind,[9] während Gerichte diese von den betroffenen Unternehmen einfordern.[10] Durchgesetzt hat sich mittlerweile die Auffassung, dass ein automatisierter **Datenabgleich gegen Sanktionslisten** datenschutzrechtlich zulässig ist[11] und die Nichtbeachtung eine Unternehmerpflichtverletzung mit Bußgeldandrohung in Höhe von 500.000 Euro ist.

**Fakultative Prüfungen**

- Diese sollten immer dann durchgeführt werden, wenn es um die Besetzung einer Risikoposition geht.

Bereits schon aus **Compliance Aspekten** wird gefordert, dass sich die Unternehmensleitung vergewissern muss, dass Mitarbeiter in *„besonders relevanten Führungs- und Vertrauenspositionen"* zuverlässig sind.[12] Die Nichtbeachtung kann eine **Unternehmerpflichtverletzung** nach § 130 OWiG (Ordnungswidrigkeitengesetz )bedeuten.

---

[8] *Scheben* et al. umfassend zur aktuellen Diskussion über die Zulässigkeit des Mitarbeiterscreenings gegen die sog. Anti-Terroristen.

[9] Beschluss der obersten Aufsichtsbehörden für den Datenschutz im nicht öffentlichen Bereich (Düsseldorfer Kreis am 22./23. November 2001) – Beschäftigtenscreening bei AEO-Zertifizierung wirksam begrenzen.

[10] Finanzgericht Düsseldorf, Urteil vom 01.06.2011 – 4 K 3063/10 Z; ebenso Bundesfinanzhof, Urteil vom 19.06.2012 – V II R 43/11.

[11] u.a. Scheben/Geschonneck/Klos, Unternehmerische Ermittlungen im Rahmen datenschutzrechtlicher Grenzen, ZHR (2015), 240–266.

[12] *Moosmeyer*, S. 84.

Sinnvoll ist folgendes Vorgehen:

**Vorbereitung**

- Risikogruppen definieren (Personalmatrix)
- Richtlinie mit Prüfungsinhalt, -umfang und -verfahren erfassen
- Soweit mitbestimmungspflichtig --> Betriebsvereinbarung abschließen

**Durchführung**

- Information an die betroffenen Mitarbeiter
- Einholung der Zustimmung des Mitarbeiters
- Prüfungsinhalte mindestens:
  - Plausibilitäten und Validität von
    - Zeugnissen und
    - Referenzen,
    - Führungszeugnis,
      - Bonitätsauskunft,
  - Nachfrage bei früheren Arbeitgebern
- Bekanntgabe des Überprüfungsergebnis an Mitarbeiter

**Evaluierung**

- Jährliche Auswertung der Ergebnisse
- Bericht an die Unternehmensleitung; ggf. Mitarbeitervertretung

Neben der **Validierung der Personalangaben**[13] und der Risikominimierung hat eine strukturierte Personalauswahl auch eine präventive Wirkung, da jedem Bewerber vor Augen geführt wird, dass im Unternehmen schlüssige Sicherheitsprozesse angewendet werden. Die individuelle Wahrnehmung der erhöhten Wahrscheinlichkeit beim Rechtsbruch identifiziert zu werden, hält von deviantem Verhalten ab. Der in Fachkreisen geäußerte Vorhalt, dass man mit derartigen Kontrollmechanismen nicht professionell eingeschleuste Agenten abhalten kann, ist nachvollziehbar. Hier entwickelt sich bereits ein florierender Markt von Dienstleistern, die versprechen, auch dieses Risiko minimieren zu können. Belege über die Erfolgsaussichten sind nicht zuverlässig und unabhängig dokumentiert.

### 6.3.1.1 Rolle der Personalabteilung

Eine zentrale Rolle spielt die Personalabteilung des Unternehmens. *Winkler* formuliert es treffsicher: „*The human ressources department is usually the first and only line of defense against employees who would do your company harm.*"[14] Ihr stehen die **Tools und**

---

[13] Zu den einzelnen Prüfungspunkten *Hohenstatt/Stamer/Hinrichs* sowie *Thum/Szczesny*.

[14] *Winkler*, S. 121.

**Verfahren** zur Verfügung, mit denen sich mala fide Bewerber identifizieren lassen. Hierbei befindet sich die Personalabteilung oftmals im Zwiespalt zwischen dem Anspruch den Einstellungsprozess als „Service Partner" für die Unternehmensbereiche unkompliziert und effektiv durchzuführen und dem oftmals zu wenig perpetuierten Anspruch auf Sicherheit. Es empfiehlt sich v. a. in großen Unternehmen, verbindliche **Checklisten für den Einstellungsprozess** zu erstellen, die für die Personalreferenten verbindlich sind. Zudem sollte eine Liste mit herausragenden und besonders kritischen **Risikopositionen** mit den Unternehmensteilen und der Personalvertretung abgestimmt sein, bei denen weitergehende Sicherheitsüberprüfungen durchgeführt werden müssen.

### 6.3.1.2 Indikatoren für Innentäterhandeln

Neben den zuvor geschilderten präventiven Ansätzen, empfehlen Experten auch nach der Einstellung auf verdächtige Indikatoren zu achten, die auf Innentäteraktivitäten hinweisen. Eine umfangreiche Aufzählung liefert u.a. das FBI in einer Informationsbroschüre[15] für Unternehmen.

> *„Some behaviors may be a clue that an employee is spying and/or methodically stealing from the organization:*
>
> - *Without need or authorization, takes proprietary or other material home via documents, thumb drives, computer disks, or e-mail.*
> - *Inappropriately seeks or obtains proprietary or classified information on subjects not related to their work duties.*
> - *Interest in matters outside the scope of their duties, particularly those of interest to foreign entities or business competitors.*
> - *Unnecessarily copies material, especially if it is proprietary or classified.*
> - *Remotely accesses the computer network while on vacation, sick leave, or at other odd times.*
> - *Disregards company computer policies on installing personal software or hardware, accessing restricted websites, conducting unauthorized searches, or downloading confidential information.*
> - *Works odd hours without authorization; notable enthusiasm for overtime work, weekend work, or unusual schedules when clandestine activities could be more easily conducted.*
> - *Unreported foreign contacts (particularly with foreign government officials or intelligence officials) or unreported overseas travel.*
> - *Short trips to foreign countries for unexplained or strange reasons.*
> - *Unexplained affluence; buys things that they cannot afford on their household income.*
> - *Engages in suspicious personal contacts, such as with competitors, business partners or other unauthorized individuals.*
> - *Overwhelmed by life crises or career disappointments."*

---

[15] https://www.fbi.gov/about-us/investigate/counterintelligence/the-insider-threat

Auch das BfV weist in einer Broschüre an die Wirtschaft[16] auf Indikatoren devianten Verhaltens hin und führt folgende Punkte an:

- *Unzufriedenheit am Arbeitsplatz, fehlende Identifikation mit dem Unternehmen*
- *auffällige Neugier*
- *Nutzung von Spionagehilfsmitteln wie z.B. Bild- und Tonaufzeichnungsgeräte, mobile Datenträger*
- *Auffälligkeiten im persönlichen Umfeld (aufwändiger Lebensstil, Anzeichen für Alkoholsucht, Drogenabhängigkeit, Spielsucht oder Überschuldung)*
- *Diskrepanzen im beruflichen Werdegang, z.B. Über- oder Unterqualifikation*
- *zweifelhafte Initiativbewerbung*
- *verdächtige Kontakte zu Vertretungen ausländischer Staaten oder zu Konkurrenzunternehmen*
- *Überschreitung der Zugriffsberechtigungen*

### 6.3.1.3 Exkulpation – warum es für jeden Vorgesetzten wichtig ist, den Richtigen auszuwählen

Neben der zuvor strafrechtlichen Diskussion der Weitergabe unternehmerischer Daten an fremde Staaten oder Konkurrenten (vgl. Abschn. 4.2.4 und 4.2) eröffnet die Frage, ob ein Unternehmen **unzuverlässige, potentielle Innentäter** beschäftigt eine zivil-, v. a. **haftungsrechtliche Dimension**.

---

**Fallbeispiel: Der sorglose Chef**

Der Unternehmer U. stellt ohne Prüfung der vorgelegten Unterlagen den Studenten Mi. aus C. ein. Er lässt diesen im Forschungsbereich seines Technologiekonzerns frei und ohne verbindliche Vorgaben zum Thema Know-how-Schutz arbeiten. Der Beamte B. des Landesamtes für Verfassungsschutz weist ihn im Rahmen einer allgemeinen Präventionskampagne darauf hin, dass es bei Praktikanten/Studenten aus C. gilt, besondere Sicherheitsvorkehrungen einzuhalten. U. wischt all dies vom Tisch. Der Mi. entwendet entgegen der Hoffnung von U. wichtige Unternehmensdaten. Hierdurch macht das Unternehmen nachweislich 100 Mio. Euro weniger Gewinn. Die Subunternehmen, die sich auf einen wesentlichen Gewinnbeitrag eingestellt hatten, verklagen den Unternehmer U. auf Schadensersatz.

---

[16] Diverse Broschüren zu unterschiedlichen Themen unter http://www.verfassungsschutz.de/de/arbeitsfelder/af-wirtschaftsschutz/publikationen-wirtschaftsschutz

Fraglich ist, ob U. an dieser Stelle eine Mitschuld und eine Schadensersatzpflicht trifft.
**§ 831 BGB – Haftung für den Verrichtungsgehilfen** – sieht folgende Reglung vor:

> *„Wer einen anderen zu einer Verrichtung bestellt, ist zum Ersatz des Schadens verpflichtet,
> den der andere in Ausführung der Verrichtung einem Dritten widerrechtlich zufügt. Die
> Ersatzpflicht tritt nicht ein, wenn der Geschäftsherr bei der Auswahl der bestellten Person
> und, sofern er Vorrichtungen oder Gerätschaften zu beschaffen oder die Ausführung der
> Verrichtung zu leiten hat, bei der Beschaffung oder der Leitung die im Verkehr erforderliche
> Sorgfalt beobachtet oder wenn der Schaden auch bei Anwendung dieser Sorgfalt entstanden
> sein würde.“*

Hiernach haftet der Vorgesetzte eines Mitarbeiters, der gegenüber einem Dritten einen
Schaden verursacht hat. Während im **Innenverhältnis**, die Haftungshöhe durch das sog.
**Mitarbeiterprivileg** nach regelmäßiger Rechtsprechung auf 3 Monatsgehälter beschränkt
ist, ist die Haftung im **Außenverhältnis**, also z. B. gegenüber einem Joint Venture
Partner, der wegen des Ausfalls eines gemeinsamen Hochtechnologieprojektes infolge
von Informationsdiebstahl Schadensersatz wegen fehlender Maßnahmen zum Schutz vor
Know-how-Verlust (z. B. durch schlechte Personalauswahl, fehlende Vorgaben, fehlende
Anleitung und Aufsicht) beim Kooperationspartner geltend macht, unbeschränkt.

Um dieser Schadensersatzpflicht des Vorgesetzten zu entgehen, muss dieser sich
exkulpieren[17] und bei Bedarf einen sog. **Exkulpationsnachweis** erbringen. Dieser *„Ent-
lastungsbeweis wird gelingen, wenn der Geschäftsherr den Nachweis kompetenter
Betriebsführung erbringt“*[18] Diese umfasst auch den Aspekt des *„Compliance Monito-
ring“*,[19] also der Kontrolle, ob der Mitarbeiter die für den jeweiligen Tätigkeitsbereich
maßgeblichen Regelungen einhält. Neben der *„Überwachung“*[20] tragen folgende Aspekte
zur Entlastung bei[21]:

(a)  Auswahl der Mitarbeiter
  - Der Geschäftsherr darf die Tätigkeit nur Gehilfen übertragen, die hierfür die
    gesetzlichen Voraussetzungen erfüllen, die **fachlich geeignet** und
    **zuverlässig** sind.
(b)  Vorrichtungen und Geräte
  - Die **Geeignetheit** und **Funktionsfähigkeit** technischer Geräte hat der üblichen
    Verkehrssitte und den **technischen Standards** zu entsprechen.

---

[17] von lat. „culpa“, also die Schuld. Exkulpieren bedeutet somit von der Schuld befreien.

[18] *Schünemann*, S. 383.

[19] *Schünemann*, a.a.O.

[20] *Palandt*, § 831, Rdnr. 10ff.

[21] *Palandt*, a.a.O.

(c)  Leitung der Verrichtung
- Je „*gefährlicher*"[22] besser u. U. **anspruchsvoller oder risikoreicher** die Verrichtung ist, **desto größer** muss die **Sorgfalt und Anleitung** durch den Geschäftsherrn sein.

► **Nicht nur um eigener Haftung zu entgehen, sind Mitarbeiter, die Zugriff auf sensible Daten haben, sorgfältig auszuwählen und anzuleiten.**

Die hier aufgestellten Grundsätze sind i.Ü. nicht nur zwischen Vorgesetztem und Mitarbeiter gültig. Sie gelten **für jeden Verrichtungsgehilfen**, also für jeden, der zu „*einer Verrichtung bestellt ist, wenn eine Tätigkeit von einem anderen übertragen worden ist, unter dessen Einfluss er allgemein oder im konkreten Fall handelt und zu dem er in einer gewissen Abhängigkeit steht.*"[23] Es bedarf keiner organisatorischen Einbindung oder eines Arbeitsverhältnisses. Jeder der – auch Kraft Vertrag – Aufträge und Weisungen von einem Geschäftsherrn erfährt, ist Verrichtungsgehilfe in diesem Sinn. Der Vorgesetzte haftet somit nicht nur für eigene Mitarbeiter (Innentäter i.e.S.) sondern auch für beauftragte Unternehmen (Innentäter i.w.S.) im Außenverhältnis.

## 6.3.2  Auswahl von Geschäfts- und Kooperationspartnern

Die gleichen Grundsätze, die für die Auswahl des Personals gelten, sind auch für die Auswahl externer Partner anzuwenden. Schließlich können sie Innentäter i.w.S. sein.

Einen Anhalt für den Prüfungsumfang liefert das in Abb. 6.3 dargestellte Schema.

Wie eine unterlassene Prüfung bei der Besetzung von Risikofunktionen, so kann auch die unterlassene Prüfung von Geschäftspartnern eine Unternehmerpflichtverletzung bedeuten. Bei der **Kooperation mit staatlichen Stellen, Forschungseinrichtungen oder Hochschulen sollte ebenfalls sorgsam abgewogen** werden. Durch die enge Verzahnung zwischen geheimdienstlichen und sonstigen staatlichen Stellen, können diese Institutionen als Tarnorganisationen den illegalen Abfluss von Unternehmenswissen forcieren. In der Vergangenheit sind z. B. Fälle bekannt geworden, bei denen Forscher in Aussicht auf eine reputierliche Professur Unternehmenswissen an fremde staatliche Universitäten weitergaben. Dies geschah aus der egoistischen Motivation, innerhalb der Wissenschaftscommunity eine größere Beachtung zu finden.

---

[22] *Palandt*, § 831, Rdnr. 15.
[23] *Palandt*, § 831, Rdnr. 5.

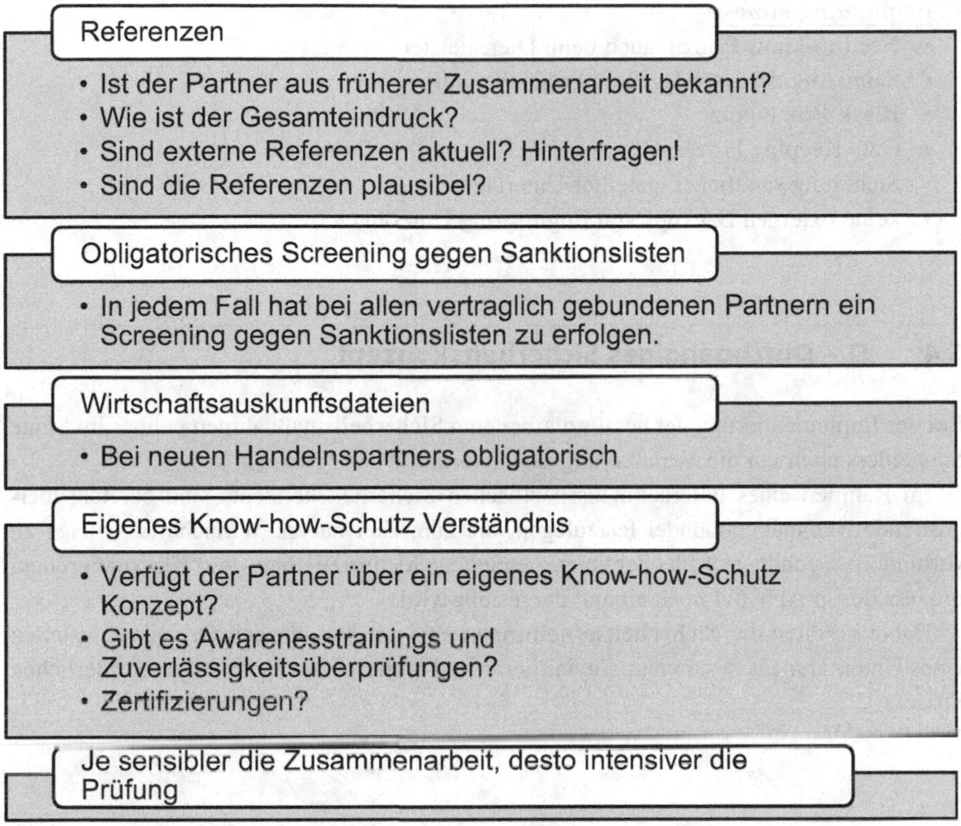

> **Referenzen**
>
> • Ist der Partner aus früherer Zusammenarbeit bekannt?
> • Wie ist der Gesamteindruck?
> • Sind externe Referenzen aktuell? Hinterfragen!
> • Sind die Referenzen plausibel?

> **Obligatorisches Screening gegen Sanktionslisten**
>
> • In jedem Fall hat bei allen vertraglich gebundenen Partnern ein Screening gegen Sanktionslisten zu erfolgen.

> **Wirtschaftsauskunftsdateien**
>
> • Bei neuen Handelnspartners obligatorisch

> **Eigenes Know-how-Schutz Verständnis**
>
> • Verfügt der Partner über ein eigenes Know-how-Schutz Konzept?
> • Gibt es Awarenesstrainings und Zuverlässigkeitsüberprüfungen?
> • Zertifizierungen?

> **Je sensibler die Zusammenarbeit, desto intensiver die Prüfung**

**Abb. 6.3**  Auswahlkriterien Wirtschaftspartner

Bei der Kooperation mit externen Entwicklern oder Dienstleistern könnten z. B. folgende Aspekte relevant sein:

• Auswahl der Dienstleister
  • Kennt der Dienstleister das Thema Know-how-Schutz?
  • Ist er ggf. in diesem Bereich zertifiziert?
  • Gibt es eigene Awarenesstrainings?
• Vertragliche Grundanforderungen
  • CDA, NDA oder sonstige vertragliche Grundlagen
  • Haftungsverbindlichkeiten bei Informationsverlust an tatsächlichen Projektvolumen ausrichten
  • Möglichkeit eines eigenen Security Audit vorsehen
  • Verbot der Drittvergabe
  • Verwertungs- und Kommunikationsverbote

- Engineering Prozess
  - Need-to-know Prinzip auch beim Dienstleister
  - Sanitizing der Unterlagen zu Projektbeginn
  - Black Box Piping
  - Gate Keeping Prozesse
  - Sicherung sämtlicher erstellter Unterlagen
  - keine externen Backups von Engineering Unterlagen

## 6.4    D – Durchgängiges Sicherheitskonzept

Bei der Implementierung der herauszuarbeiteten Sicherheitsmaßnahmen geht es im Sinne Schneiders auch um die Verankerung *„kriminoresistenter Faktoren"*.

Im Rahmen eines unternehmensspezifischen Sicherheitskonzepts sind bereichsübergreifende Maßnahmenbündel festzulegen, die zum Ziel haben, Wirtschaftsspionage zu verhindern. Grundlage bildet der vorausgegangene Identifizierungs- und Klassifizierungsprozess der in Abb. 6.4 noch einmal dargestellt wird.

Dabei arbeiten die **Sicherheitsabteilungen** eng mit den übrigen Organisationsteilen eines Unternehmens zusammen. Sie initiieren und orchestrieren den hierzu erforderlichen Prozess.

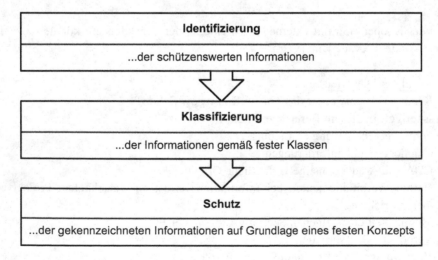

**Abb. 6.4**  Stufenkonzept

## 6.4.1   Elemente im Einzelnen

Das **Kernkonzept** besteht aus den Elementen physische Sicherheit, IT Sicherheit, Rechtsfragen/Compliance und personelle Sicherheit. In einem **erweiterten Konzept** sind danach Aspekte der Unternehmenskommunikation, des Krisenmanagements sowie weiterer relevanter Unternehmensbereiche zu berücksichtigen. Die Gesamtheit aller denkbaren Aktivitäten stellt Abb. 6.5 dar.

### 6.4.1.1 Physische Sicherheit

**Physische Sicherheit** umfasst alle traditionellen Sicherheitsmaßnahmen, die darauf abzielen, die Erkennbarkeit und die Verfügbarkeit des Tatobjekts zu erschweren sowie das Entdeckungsrisiko für den Täter zu erhöhen. Hierunter fallen technische Maßnahmen (z. B. Perimeter, Videotechnik, Zutrittskontrolle, Protokollierungssysteme etc.) ebenso wie Prozesse (z. B. Hausordnung, Besuchermanagement, Fotografierverbote etc.).

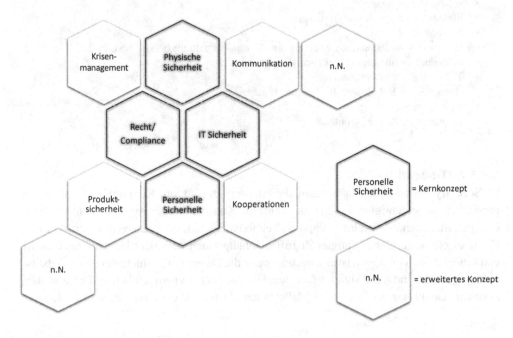

**Abb. 6.5**  Elemente eines durchgängigen Sicherheitskonzepts

**Checkliste**

| Prozesse | ☑ |

- Clean Desk Policy
- Closed Door Policy
- Fotografierverbot
- Benennung klarer Verantwortlichkeiten (Riskowner, Gatekeeper, Sicherheitsverantwortlicher etc.)
- Nachweis von Besuchern
- Verwahrung von Mobiltelefonen und Fotoapparaten
- Mitnahmeverbot für Computer
- sicheres Dokumentenmanagement
- sichere Akten- und Datenträgervernichtung
- Lauschmittelabsuche („Sweeping")

| Technische Mindeststandards | ☑ |

- Einfriedungen
- abschließbare Räume
- abschließbare Schränke und Ablagen
- Zutrittskontrolle zu sensiblen Bereichen (v. a. Serverräume/Rechenzentren oder Forschungslaboren)
- Einbruchmeldeanlage an relevanten Bereichen
- Videoaufzeichnung an relevanten Bereichen

| Höherwertige Lösungen | ☑ |

- smarte Perimeter
- Einsatz von Sicherheitsmitarbeitern
- Tresore
- Raum- und Außenhautüberwachung mit Alarmaufschaltung bei der NSL/Polizei
- Flächendeckende und begleitende Videoüberwachung
- Torsonden oder Röntgengeräte
- abgeschirmte Behältnisse für Mobiltelefone
- Verrauschungsanlagen
- biometrische Zugangskontrollen

## 6.4.1.2 IT-Security

**IT-Security** umfasst alle Maßnahmen, die erforderlich sind, um Kommunikationssysteme gegen den unberechtigten Zugriff zu schützen. Kommunikationssysteme können dabei Computernetzwerke, einzelne Computer, Telefonanlagen, mobile Endgeräte, Drucker und Kopierer etc. sein. Unberechtigter Zugriff beinhaltet auch den nicht berechtigten Zugriff von Innentätern. Von diesen ist auszugehen, wenn die Datenzugriffe nicht durch den Arbeitsauftrag gedeckt sind, bzw. durchgeführt werden, um Daten widerrechtlich an Dritte weiterzugeben. Denkbar sind technische Maßnahmen (Netzwerksegmente, Verschlüsselungen,

Kryptotelefonie, Print-on-demand Drucker etc.) und geeignete Prozesse (Rollen und Zugriffskonzepte, Log-File Vorgaben, Service Level für beauftragte Dritte etc.).

| Checkliste | |
|---|---|
| **Prozesse** | ☑ |
| • End User Regeln<br>• Sicherheitsüberprüfungen für privilegierte Accounts<br>• klare Trennung von User und Admin Accounts bei der Nutzung<br>• Blocken externer Anschlüssen (USB etc.) | |
| **Technische Mindeststandards** | ☑ |
| • Antiviren Software<br>• verschlüsselte Maildienste<br>• Festplattenverschlüsselung<br>• regelmäßige Updates (Patchmanagement)<br>• Benutzername und Kennwörter (komplex und regelmäßig zu erneuern)<br>• Netzwerksegmentierung<br>• gehärte Rechner für Reisen in kritische Regionen<br>• Einweghandys für Reisen in kritische Regionen<br>zwei Faktoren Authentifizierung | |
| **Höherwertige Lösungen** | ☑ |
| • Cloud Printing<br>• Intrusion Detection Systeme (IDS)<br>• Sandboxing Lösungen<br>• virtualisierte Internetzugänge<br>• Kryptotelefonie und Videokonferenz | |

## 6.4.1.3 Rechtsfragen/Compliance

**Rechtsfragen/Compliance** enthalten alle Vorgaben, Normen und Rechtsquellen, um für eigene Mitarbeiter und Dritte verbindliche, einklagbare Rechte und Pflichten festzuschreiben, die justiziabel zum Schutz eigenen Unternehmenswissen erforderlich sind. Hierunter fallen v. a. vertrags-, arbeits-, kartell-, wettbewerbs- und haftungsrechtliche Regelungen. Die juristische Expertise ergänzt die übrigen Sicherheitsmaßnahmen. Wie bereits am Beispiel der arbeitsrechtlichen Herausforderungen im Zusammenhang mit der Mitarbeiterprüfung dargestellt, ist eine fortlaufende Beurteilung aus juristischer Sicht zentral. *„Wirksamer und notwendig zur Bewahrung von Unternehmensgeheimnissen ist daher ein Vorkehrungsmix aus technisch-organisatorischen Ansätzen einerseits und juristischen andererseits.“*[24]

---

[24] *Ann*, S. 14.

### 6.4.1.4 Personeller Sicherheit

Unter **personeller Sicherheit** (vgl. Abschn. 6.3) werden alle unternehmerischen Handlungen subsumiert, mit denen durch personalwirtschaftliche Maßnahmen das Risiko reduziert wird, Innentäter – vor allem im engeren Sinn – zu beschäftigen. Hierzu zählt die Personalauswahl, das Bewerbermanagement, die Auswahl und Einstellung von Praktikanten ebenso wie alle Schritte, die mit dem Ausscheiden von Mitarbeitern, Praktikanten, Doktoranten etc. erforderlich sind. Zudem sind in diesem Maßnahmenbündel Awarenessschulungen und spezielle Qualifizierungen (z. B. für Forscher und Entwickler etc.) sowie organisationsbezogene Risikobeurteilungen zu konzipieren und realisieren.

## 6.4.2  Maßnahmenplanung

Die oben aufgeführten Kernelemente sollen einen „*360°-Ansatz*" bei der Implementierung eines durchgängigen Sicherheitskonzepts ermöglichen. In Unternehmen, die sich erstmalig mit der Einführung eines durchgängigen Sicherheitskonzepts befassen, macht es Sinn, die Entwicklung sämtlicher Maßnahmen **projekthaft** zu erarbeiten. Die Zuweisung der Verantwortungen sollte durch eine klare Verantwortungs- und Ressourcenmatrix verbindlich festgeschrieben werden.

Bei der Planung der Einzelmaßnahmen können unterschiedliche **Schutzbereiche** identifiziert und segmentiert werden. Eine mögliche Darstellungsform liefert Abb. 6.6.

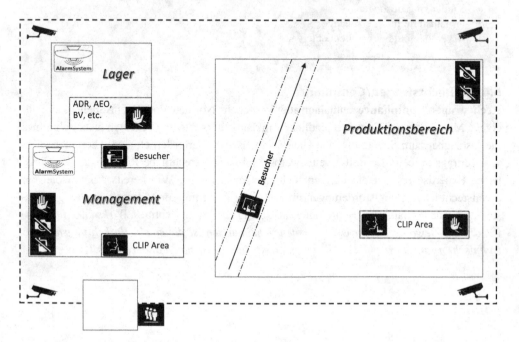

**Abb. 6.6**  Exemplarische Darstellung eines Sicherheitskonzepts

Neben den o.a. Kernelementen können weitere Elemente hinzutreten: In **geheim-schutzbetreuten Unternehmen** können Maßnahmen des Geheimschutzes oder des vorbeugenden personellen Sabotageschutzes in Frage kommen. Ein antizipiertes Krisenmanagement kann Szenarien entwickeln, wie – vor allem in der öffentlichen Darstellung sensibler Bereiche – auf Datenverluste reagiert werden kann.

Die Intensität der Sicherungsmaßnahmen sollte an der **Kritikalität der Informationen und Prozesse** ausgerichtet sein. Vereinfacht stellt Abb. 6.7 diese Zusammenhänge dar.

Über den Umfang und die Inhalte sinnvoller Sicherheitskonzepte sind ganze Bücher beschrieben worden. Je durchdachter, bereichsübergreifender und auf das Phänomen fokussierter sie sind, desto größer ist die präventive Wirkung, die von ihnen ausgeht. Die kriminologischen Theorien haben erkennen lassen, dass das Vorhandensein von Sicherheitslücken kriminalitätsbegünstigend wirkt. Sowohl unter situativen, als auch unter ätiologischen Aspekten, sollten die Unternehmen Ressourcen investieren.

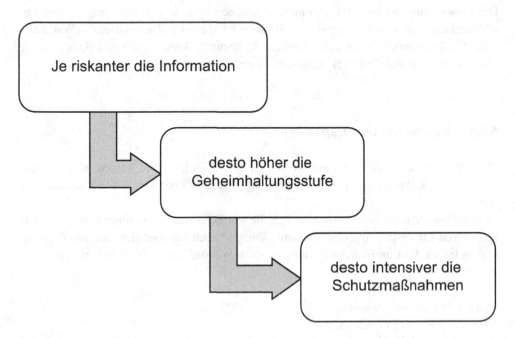

**Abb. 6.7**  Maßnahmenplanung

**Abb. 6.8** Security Awareness – kognitive, affektive und methodische Elemente in Anlehnung an Helisch et al.

## 6.5    A – Awarenessbildung

Die Verwendung des Begriffs „Awareness" im Securityumfeld ist omnipräsent. Der aus der englischen Sprache kommende Begriff bedeutet übersetzt „Bewusstsein", „Wahrneh-mung", „Bekanntheit" oder „Achtsamkeit".[25] Security Awareness heißt demnach ein „Bewusstsein für das Thema Security entwickeln".[26]

### 6.5.1    Awareness und Capability

Nach *Helisch* ist Security Awareness das Zusammenwirken von Wissen, Können und Wollen.[27] Eine Darstellung der Überschneidungsbereiche bietet Abb. 6.8 in Anlehnung an *Helisch* et al.

Mit diesem Ansatz geht Awareness über die wörtliche Auslegung hinaus, da neben den **kognitiven Element**en, mit dem Element „*Können*" auch ein operationalisiertes Element vorhanden ist. Im Englischen wäre dies am ehesten mit „Capability" zu übersetzen.

---

[25] Online Übersetzung www.dict.cc
[26] *Helisch* in *Helisch/Pokoyski*, S. 9.
[27] *Helisch* in *Helisch/Pokoyski*, S. 11.

Awareness einfach als die Vermittlung von Bewusstsein zu verstehen, würde daher zu kurz greifen. Entscheidend ist es meines Erachtens, **Fähigkeiten**, Handlungsmöglichkeiten und Reaktionen auf registrierte Sicherheitsherausforderungen zu vermitteln.

Ein gutes Beispiel für die **Verknüpfung von Bewusstsein und Fähigkeit** ist die amerikanische Awareness Kampagne „*If you see something, say something*".[28] Die im Sommer 2010, als weitere Reaktion auf die terroristischen Anschläge in den Vereinigten Staaten, gestartete Kampagne soll so einfach wie möglich formuliert zum einen das Bewusstsein schaffen ungewöhnliche, potentiell sicherheitsrelevante Vorkommnisse zu erkennen und zum anderen in einfacher und schlüssiger Weise darauf zu reagieren. Je simpler der Slogan dabei ist, desto einprägsamer ist er für den Adressaten. Die Botschaft ist: „Siehst du etwas ungewöhnliches, dann melde dich". Dem Rezipienten wird kein umfängliches Interpretationsschema an die Hand gegeben und das Handeln durch eine verbindliche Botschaft ermöglicht.

Ein weiterer wesentlicher Aspekt, ist das Awarenessmaßnahmen auch das **Unrechts-bewusstseins** erfassen. Kriminologisch fundiert ist die Aussage, dass die Bereitschaft zu deliquentem Verhalten umso geringer ist, je stärker das Unrechtsbewusstsein ausgeprägt ist. Sinnvolle Awarenessmaßnahmen sollten aus diesem Grund Elemente enthalten, die die Folgen und Konsequenzen unternehmensschädlichen Verhaltens deutlich aufzeigen. Darüber hinaus sind **wertegebunde Organisationen**, die ein kollektives Unrechtbewusstsein entwickeln, weniger anfällig für Innentäterhandeln. Workshops, die im Rahmen derartiger Organisationsentwicklungsprozesse durchgeführt werden, sind zwar keine klassischen Awarenessschulungen, jedoch Teil eines wirksamen Präventionskonzepts.

## 6.5.2   Organisatorische und personelle Awareness

Die präventive und kriminoresistente Wirkung einer organisatorischen Sicherheitskultur und eines individuellen Sicherheitsverständnisse ist bereits im Rahmen der kriminologischen Grundlagen diskutiert worden (vgl. Kap. 5 ). Dieses zu erkennen, ist Aufgabe der Sicherheitsverantwortlichen.

Entscheidend sind bei der Awarenessbildung zwei Ebenen: eine organisatorische Auseinandersetzung und eine mitarbeiterbezogene Befassung.

Auf der **Organisationsebene** muss erreicht werden, das Phänomen der Wirtschaftsspionage wahrzunehmen und das vitale Unternehmensinteresse zu entwickeln, diesem entgegenzutreten. Dafür müssen in den Unternehmen die notwendigen Präventionsansätze präsent und anerkannt sein. Hierfür maßgeblich ist die im Unternehmen verankerte Sicherheitskultur, die Bestandteil der jeweiligen Unternehmenskultur ist. Die Sicherheitskultur ist „*das Resultat von individuellen und gruppenspezifischen Werten, Normen und*

---

[28] www.dhs.gov/if-you-see-something-say-something%E2%84%A2

*Wissensbeständen, welche das Verhalten im Umgang mit Informationssicherheit beein-
flussen.*"[29]

Die **Sicherheitskultur** im Unternehmen wird maßgeblich von den für die Sicherheit
verantwortlichen Personen und Organisationseinheiten geprägt.

*Bergier* beschrieb bereits 1972 die **Rolle der Sicherheitsabteilungen** wie folgt: *„Die
völlige Unwirksamkeit der Sicherheitsmaßnahmen vieler französischer Industriebetriebe,
die sich nach bestem Wissen und Gewissen für > abgesichert < halten, ist auf die Tatsache zurückzuführen, daß sie der Spionageabwehr nicht den Rang einräumen, der ihr von
Rechts wegen zukäme: Die mit der industriellen Sicherheit Beauftragten sind – wenn
überhaupt – schlecht auf ihre Tätigkeit vorbereitet und bewegen sich völlig abseits der zu
überwachenden Abteilungen und Tätigkeiten. Das Personal hält sie für gewöhnliche
Polizisten, die Betriebsleitung für eine finanzielle Last, obschon sie meist ein klägliches
Gehalt beziehen. Sie finden sich wohl oder übel mit ihrer subalternen Rolle ab und
beschränken sich auf ein paar summarische Untersuchungen oder auf die Ausarbeitung
einiger Richtlinien, die niemand beachtet. So üben sie ihre Tätigkeit am Rand des Betriebes aus und sind immer die letzten, die über das Verschwinden von Dokumenten oder
über Spionagediebstahle unterrichtet werden – wenn sie überhaupt etwas davon erfahren!
Da ihnen jede Handhabe fehlt, die informatorische Organisation des Betriebes und den
internen Weg von Unterlagen und Dokumenten zu erfassen, da es ihnen außerdem an der
nötigen Autorität und gelegentlich an der technischen Ausbildung mangelt, können sie
auch bevorstehende Spionageunternehmen und Diebstahle nicht verhindern.*"[30]

Die Aktualität dieser Aussage, kann 40 Jahre nachdem sie verfasst wurde, weiterhin
diskutiert werden. In einer **Studie**[31] geben 74 % der befragten Unternehmen an, über eine
Sicherheitsabteilung zu verfügen. Rund 56 % der Sicherheitsabteilungen sind in der
Konzernhierarchie auf der 3. Ebene oder darunter angesiedelt. Alle Befragten stimmen
darin überein, dass es gerade Aufgabe der Sicherheitsabteilungen ist, die Sicherheitsstrategie des Unternehmens zu definieren – 70,4 % sehen sich als voll zuständig, 29,6 %
als teilweise zuständig.

Die Zufriedenheit mit einzelnen Rahmenbedingungen unter denen sie u.a. diese
Aufgabe zu leisten haben, stellt Abb. 6.9 dar.

Nur 46 % der Befragten schätzen ein, dass Leistungen der Sicherheitsabteilungen ein
**Bestandteil des Unternehmenserfolges** sind. Diese pessimistische Bewertung rührt
aus der *„Diskrepanz zwischen der Bedeutsamkeit der eigenen Arbeit und des Themas
„Sicherheit" einerseits und der Fremdeinschätzung bzw. des Images von „Sicherheit" im
Unternehmen andererseits".*[32]

---

[29] *Teufel* (2007) zitiert in *Helisch/Pokoyski*, S. 25.

[30] *Bergier*, S. 167.

[31] *Kestermann* et al., Konzernsicherheit in den TOP100-Unternehmen.

[32] *Kestermann* et al., S. 15.

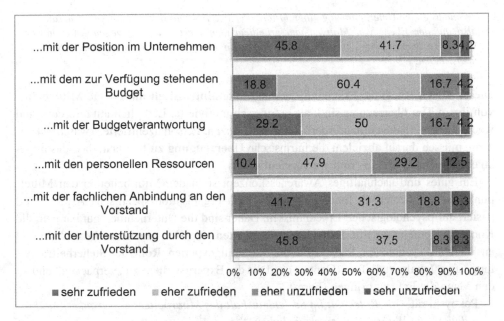

**Abb. 6.9** Zufriedenheit der CSO mit den Rahmenbedingungen in Anlehnung an Kestermann et al. (S. 11, Abb. 2)

Wenn sich die Abteilungen, die für die Sicherheitsstrategie und damit auch für die Sicherheitskultur im Unternehmen zuständig sind, nur in jedem zweiten Fall wertgeschätzt und akzeptiert fühlen, wie sollen diese dann ein gemeinsames Verständnis von Sicherheit entwickeln, das nicht lediglich auf einer kodifizierten Anweisung beruht, sondern über Werte, Normen und ein gemeinsames Verständnis Bestandteil einer Unternehmenskultur ist?

▶ **Um eine tatsächliche Sicherheitskultur und damit eine organisatorische Awareness in den Unternehmen zu entwickeln , ist es notwendig, Rolle, Verantwortung, Ressourcen und Kompetenzen der Sicherheitsabteilung zu bestimmen.**

Die verantwortlichen Sicherheitsabteilungen sind gefordert nicht auf der Grundlage verschrifteter Anweisungen, die Etablierung einer derartigen Kultur anzuordnen, sondern in Abstimmung mit allen relevanten Partnern im Unternehmen einen Organisationsentwicklungsprozess zu initiieren und zu moderieren.[33]

Neben der organisationsbezogenen Awareness ist die **individuelle, mitarbeiterbezogene Awareness** entscheidend, um nachhaltig Informationsverlusten vorzubeugen.

---

[33] *Helisch* umfassend in *Helisch/Pokoyski* zu den Anforderungen an eine Sicherheitskultur und die Bedingungen zur Entwicklung eben einer solchen.

*„Wenn es einem Unternehmen gelingt, Mitarbeiter und Führungskräfte „von innen heraus",*
*also auf der Ebene von Motiven und grundlegenden Werthaltungen, gegen Know-how-*
*Verlust zu immunisieren, ist die zentrale Hürde für einen umfassenden Know-how-Schutz*
*überwunden!"*[34]

Dieser Aussage liegt die Erkenntnis zugrunde, dass **intrinsisch motivierte Mitarbeiter**
von ihrem Tun überzeugter sind, als extrinsisch motivierte. Lediglich aufzufordern und
wachsames Verhalten einzufordern, stößt an Grenzen. Personalzentrierte Awarenesskonzepte müssen darauf abzielen, die intrinsische **Überzeugung zu fördern**, dass das **ange-
strebte Verhalten, sinn- und werteorientiert** ist.

Ein gutes und nachhaltiges Awarenesskonzept stellt den Mitarbeiter in den Mittelpunkt, ist lerntheoretisch fundiert, berücksichtigt organisationsspezifische Aspekte und
basiert auf psychologischen Erkenntnissen. Daher sind die Unternehmen gut beraten, die
Konzepte gemeinsam mit **Experten** zu erarbeiten, die sich genau in diesem Umfeld
auskennen: Psychologen, Pädagogen und Marketingexperten. Rolle der Sicherheitsabteilung ist es, Inhalte zu liefern (Content) und die der Experten, diese zu „verpacken" und an
den Mann/die Frau zu bringen (Form).

Pokoyski rät, *„die Botschaft im Seelenhaushalt des Mitarbeiters zu verankern und ihr*
*eine dauerhafte Wirksamkeit zu ermöglichen."*[35]

Ein weiterer wesentlicher Aspekt ist die Notwendigkeit, die **Sensibilisierungen und
Qualifizierungen adressatengerecht** durchzuführen. Hierbei bedingt die jeweilige
Generation die Wahl des richtigen Kommunikationskanals.

Abbildung 6.10 illustriert diese generationsspezifische Abgrenzung und gibt einen
Hinweis auf geeignete **Kommunikationsstrategien**.

Wenn es Unternehmen gelingt, **authentische, kluge, glaubwürdige und adressatengerechte Awarenesskonzepte** zu entwickeln, dann sorgen sie dafür, sich von innen
heraus zu schützen.

## 6.6    R – Regelmäßige Auditierung

Die Implementierung eines wirksamen Präventionskonzepts ist ein **mittel- bis länger-
fristiger Prozess**. Eine Erwartung an vorschnelle Erfolge wäre verfehlt. Dies liegt v. a.
daran, dass es um die Etablierung einer spezifischen Sicherheitsphilosophie ebenso geht
wie um die Implementierung geeigneter Sicherheitsmaßnahmen.

---

[34] *Fassbender* in *Wurzer/Kaiser*, S. 488.
[35] *Helisch, Pokoyski*, S. 76.

| | Maturists (geboren vor 1945) | Baby Boomers (1945 – 1960) | Generation X (1961 – 1980) | Generation Y (1981 – 1995) | Generation Z (nach 1995 geboren) |
|---|---|---|---|---|---|
| **Prägende Erfahrungen** | Zweiter Weltkrieg, Rationierungen, Starr definierte, Geschlechterrollen, Rock'n'Roll, Kernfamilie, Festgelegtes Frauenbild | Kalter Krieg, Wirtschaftswunder, Swinging Sixties, Mondlandung, Jugendkultur, Woodstock, Familienorientierung, Zeitalter der Teenager | Ende des Kalten Kriegs, Mauerfall, Reagan – Gorbatschow, Thatcherismus, Live Aid, der erste PC, Anfänge mobile Technologie, Schlüsselkinder, Zunahme von Scheidungen | Terroranschläge 9/11, Playstation, Social Media, Invasion im Irak, Reality TV, Google Earth | Wirtschaftlicher Abschwung, Erderwärmung, Globalisierung, Mobile Devices, Energiekrise, Arabischer Frühling, eigene Medienkanäle, Cloud Computing, Wikileaks |
| **Anteil an arbeitender Bevölkerung in % (in UK)** | 3% | 33% | 35% | 29% | teilweise in befristeten Arbeitsverhältnissen oder in Ausbildung |
| **Ziel** | Eigenheim | Jobsicherheit | Work-Life-Balance | Freiheit und Flexibilität | Sicherheit und Stabilität |
| **Haltung zu Technologie** | weitgehend uninteressiert | erste IT-Erfahrungen | Digital Immigrants | Digital Natives | „Technoholics", abhängig von der IT, nur begrenzte Alternativen |
| **Haltung zu Karriere** | lebenslange Jobgarantie | Karriere im Unternehmen, wird von den Angestellten mitgestaltet | Karriere bezieht sich auf den Beruf, nicht mehr auf den Arbeitgeber | Digitale Unternehmer, Arbeit „mit" Organisationen, nicht „für" Organisationen | Multitasking-Karriere, übergangsloser Wechsel zwischen Unternehmen und „Pop-up"-Business |
| **Typisches Produkt** | Auto | Fernseher | PC | Tablet/Smartphone | Google Glass, Nanocomputer, 3-D-Drucker, fahrerlose Autos |
| **Medien Kommunikation** | Brief | Telefon | E-Mail und SMS | Text oder Social Media | mobile oder in die Kleidung integrierte Kommunikationsmedien |
| **Bevorzugte Kommunikation** | Face-to-Face, Meetings | Face-to-Face, zudem Telefon und E-Mail | Text Messaging oder E-Mail | Online und Mobile (SMS) | Facetime |

**Abb. 6.10** Die Generationen, ihr Umfeld und Vorliebe, in Anlehnung an Internet World 22/14 Futurebiz

**Abb. 6.11** Regelkreis des Informationsschutzes

Aus diesem Grund sind sämtliche Maßnahmen auf der Grundlage des in Abb. 6.11 dargestellten **Regelkreises** regelmäßig zu auditieren, evaluieren und bei Bedarf fortzuschreiben.

Neben dem faktischen Erfordernis, die Maßnahmen kontinuierlich am Risikopotential auszurichten, hat ein **prozesshaftes Vorgehen**, eine erhebliche präventive Wirkung. Die Regelmäßigkeit im Vorgehen limitiert Aktivitäten des Innentäters, da vermeintlich günstige Gelegenheiten ( vgl. z. B. Abschn. 5.9) identifiziert und beseitigt werden können.

Zudem werden in einem gewissenhaften Auditierungsprozess Schwachstellen erkannt und Angriffsvektoren ausgeschlossen. Hierdurch kann routiniertem Täterverhalten (vgl. Abschn. 5.7) vorgebeugt werden. Dem Täter wird es schwerer fallen, zur Tatbegehung zu schreiten, wenn er den Eindruck gewinnt, dass die Entdeckungswahrscheinlichkeit devianten Handelns durch eine regelmäßige Betrachtung erhöht wird.

*Lashinsky* beschreibt am Beispiel des US Konzerns Apple wie groß die **Wirkung präsenter und erwarteter Sicherheitsmaßnahmen** ist.[36] Die Mitarbeiter des Unternehmens, das noch vor kurzem das wertvollste Unternehmen der Welt war, nehmen Sicherheit ab dem ersten Arbeitstag als festen Bestandteil der Arbeit wahr. Zwar ist ein derartig durchgängiges und konsequentes Konzept in deutschen Unternehmen nur schwer vorstellbar, dennoch scheint es zu wirken. Apple ist ein begehrter Arbeitgeber und eine einmalige Referenz für den Arbeitsmarkt. Die Produkte sind innovativ und begehrt.

---

[36] *Lashinsky*, S. 41ff. Im Kapitel „*Verschwiegenheit als Prinzip*" beschreibt er umfassend Einzelheiten über das, was man über Apples Sicherheitskonzept weiß und was man darüber zu wissen glaubt. Auch der durch Gerüchte hervorgerufene Zustand von Unsicherheit, trägt zu einem erheblichen Maß, zur Sicherheit bei.

Das unter der **Sicherheitsphilosophie** die Kreativität leidet, scheint faktisch widerlegt. „I VISITED THE APPLE CAMPUS. BUT THAT'S ALL I'M ALLOWED TO SAY" steht auf einem T-Shirt, dass am Hauptsitz in Kalifornien verkauft wird. Auch wenn der Spruch eine gehörige Position Selbstironie beweist, ist er doch Ausdruck des unternehmerischen Sicherheitsverständnisses und einer kontinuierlichen Fortschreibung der Sicherheitsmaßnahmen.

Um die erzielte Wirkung zu erreichen, sind bei der Auditierung einige Grundsätze zu beachten. Insbesondere für die Auditierung von Informationsmanagementsystemen bietet die **Normengruppe der DIN 27000**ff. sowie der hierzu verfügbaren Anwendungsempfehlungen zahlreiche Hilfestellungen. Allgemeine Hinweise zur Durchführung von Audits finden sich u.a. in der **DIN ISO 19011**, dem Leitfaden für Audits von Qualitätsmanagement- und/oder Umweltmanagementsystemen.

▶ **Definition**  Ein Audit ist *„ein systematischer, unabhängiger und dokumentierter Prozess zur Erlangung von Auditnachweisen (Aufzeichnungen, Tatsachenfeststellungen u. A.) und zu deren objektiver Auswertung, um zu ermitteln, inwieweit Auditkriterien (Politiken, Verfahren oder Anforderungen, welche als Referenzen dienen) erfüllt sind".*[37]

Ein sinnvolles und ergebnisorientiertes Audit bedarf vernünftiger **Planung und Vorbereitung**. Bloße Überprüfungen oder unangekündigte Kontrollen sind keine planmäßigen und strukturierten Audits. Wichtig ist, das Audit anhand definierter Kriterien durchzuführen. Die eingesetzten **Auditoren** (sowohl externe, als auch interne) müssen über die erforderliche **Qualifikation** verfügen, nicht nur die Übereinstimmung zwischen dem Soll und Ist Zustand abzugleichen, sondern auch über die notwendigen „handwerklichen" Fähigkeiten verfügen, ein Audit durchführen zu können.

Die **DIN ISO/IEC 27002** bietet zahlreiche **Handreichungen und Empfehlungen**[38] wie ein unternehmerischer Standard aussehen könnte, der im Rahmen eines Audits geprüft wird. So enthält das Regelwerk u.a. Ausführungen zu:

* Organisation der Informationssicherheit
* Management von organisationseigenen Werten
* Personalsicherheit
* physische und umgebungsbezogene Sicherheit
* Betriebs- und Kommunikationsmanagement
* Zugangskontrolle

---

[37] aus: Europäische Norm: Leitfaden für Audits von Qualitätsmanagement- und/oder Umweltmanagementsystemen ISO/FDIS 19011:2002.

[38] Eine Zertifizierung nach DIN ISO/IEC ist nicht möglich, das das Regelwerk keine verbindlichen Vorgaben enthält sondern mögliche Standards oder Prozesse empfiehlt.

- Beschaffung, Entwicklung und Wartung von Informationssystemen
- Umgang mit Informationssicherheitsvorfällen
- Sicherstellung des Geschäftsbetriebs (Business Continuity Management)
- Einhaltung von Vorgaben (Compliance)

Um einen vergleichbar hohen Wirkungsgrad zu erzielen, muss das individuelle unternehmerische Risiko (vgl. Abschn. 6.2) ebenso regelmäßig überprüft und fortgeschrieben werden wie das unternehmensbezogene Sicherheitskonzept (vgl. Abschn. 6.4), die Aktualität der Awarenessmaßnahmen (vgl. Abschn. 6.5) und die sonstigen relevanten Prozesse (vgl. z. B. Abschn. 6.3).

## 6.7    Zwischenfazit

**Conclusion**
- Singuläre Sicherheitsmaßnahmen sind nutzlos.
- Wirksame **Präventionskonzepte** integrieren auf der **Grundlage** einer Ebenen übergreifenden **Risikoanalyse** verschiedene Sicherheitsprozesse. Dabei gibt es leider keine „One size fits all" Variante.
- Jedes **Unternehmen** muss die **eigenen organisationsspezifischen Besonderheiten berücksichtigen** und in einem kontinuierlichen Prozess mit Augenmaß die richtigen Maßnahmen installieren.
- Bei der Suche nach den richtigen Maßnahmen können bekannte Tools verwendet werden.
- Die **Federführung für die Orchestrierung der Maßnahmen muss bei den Sicherheitsverantwortlichen** in den Unternehmen liegen. Sie müssen mit **ausreichenden Kompetenzen und Ressourcen** ausgestattet sein, um diese Aufgabe wahrnehmen zu können. Die **Verantwortung für die Umsetzung** der Teilmaßnahmen muss in den jeweiligen **Fachabteilungen** liegen.
- Ohne die **Implementierung einer unternehmerischen Sicherheitsphilosophie** fehlt jeglicher Sicherheitsmaßnahme ein tragfähiges Fundament. Die Etablierung dieser Philosophie ist Aufgabe der Unternehmensleitung.
- Sinnvoll aufeinander abgestimmte Sicherheitsmaßnahmen wirken dadurch präventiv, indem sie **Tatgelegenheiten reduzieren und das Entdeckungsrisiko für den Täter erhöhen.** Um dies zu erreichen, sind klassisch physische Maßnahmen ebenso wichtig wie prozessuale Ansätze. Je besser die Modulation, d. h. die fortwährende Anpassung und Weiterentwicklung ist, desto geringer ist die Vorhersehbarkeit. Da Routine und die Vorhersehbarkeit von Sicherheitsmaßnahmen

*(Fortsetzung)*

kriminalitätsbegünstigend wirken, wird eine präventive Wirkung nur durch einen durchgängigen, integrativen und kontinuierlichen Maßnahmenansatz erreicht.

- Um diesem Anspruch zu genügen, ist es erforderlich, dass die Verantwortlichen in den Unternehmen **Sicherheit prozesshaft verstehen**. Hierzu eignen sich v. a. die Managementkreisläufe, die in einem Regelprozess auf der Grundlage einer Risikobetrachtung Handlungserfordernisse konzipieren, anwenden, evaluieren und fortschreiben. Ein derart planvolles und überlegtes Vorgehen nutzt die phänomenologischen und kriminologischen Erkenntnisse und wirkt Wirtschaftsspionage nachhaltig entgegen.

# Schlussbetrachtung 7

**Zusammenfassung**

Zum Schluss des Buches werden rechtliche Einordnung der Wirtschaftsspionage, Akteure und Präventionsansatz zusammengefasst.

Es ist hilfreich, der Wirtschaftsspionage das „Geheimnisvolle" der staatlich gelenkten Spionagetätigkeit zu nehmen und es überwiegend als das anzusehen, was es im Kern ist: **Wirtschaftskriminalität bestechlicher oder korrupter Menschen zum Nachteil nicht nur eines Unternehmens, sondern der übrigen Arbeitnehmer und in letzter Konsequenz einer Volkswirtschaft.**

Die rechtstheoretische Unterscheidung in Wirtschaftsspionage nach StGB und Wirtschaftsausspähung nach UWG hinkt phänomenologisch und tatsächlich hinter den Verhältnissen hinterher. Die enge Fokussierung auf Betriebs- und Geschäftsgeheimnisse erfasst nicht die zahlreichen, auch tatvorbereitenden Attacken, unterhalb dieser Schwelle. Der Nachweis geheimdienstlicher Agententätigkeit ist für die geschädigten Unternehmen nicht möglich. Faktisch stößt die Rechtsanwendung an zahlreiche Grenzen. Es wäre wünschenswert, dass die Initiativen im Deutschen Bundestag und in der Europäischen Union dazu führen, besser einklagbare Rechte und eindeutige Sanktionsnormen zu schaffen.

**Innentäter bedrohen die Unternehmen mehr als andere Szenarien.** Durch ihr spezifisches Insiderwissen sind sie nicht nur in der Lage, veritables Wissen zu identifizieren, sie kennen auch die geeigneten Tatbegehungsweisen und die Lücken im Sicherheitssystem. Ihre Motivation erfahren sie aus ideologischen und aus individuellen, egoistischen Gründen. Hierbei überwiegen eigene wirtschaftliche Interessen. Durch organisationsbedingte Defizite unterstützen die angegriffenen Unternehmen deviantes Verhalten. Die Unternehmen schaffen mitunter die eigenen Innentäter.

© Springer Fachmedien Wiesbaden 2016

D. Fleischer, *Wirtschaftsspionage*, DOI 10.1007/978-3-658-11989-8_7

**Wirksame Präventionskonzepte** gegen Wirtschaftsspionage durch Innentäter müssen auf Basis einer Risikoanalyse unterschiedliche Sicherheitselemente kombinieren. Die Verantwortung liegt bei den Sicherheitsverantwortlichen, die mit dem eindeutigen Mandat der Unternehmensführung und auf der Grundlage einer unternehmerischen Sicherheitsphilosophie alle Akteure in den Unternehmen einbinden. Nur wenn die Maßnahmen evident, obligatorisch und kontinuierlich sind, entwickeln sie eine individuelle Präventionswirkung. **Sie müssen darauf abzielen, potente Täter zu identifizieren, Tatgelegenheiten zu reduzieren und das Entdeckungsrisiko zu maximieren.**

# Literatur

Aßländer, Michael S. *Handbuch Wirtschaftsethik.* Stuttgart: J.B. Metzler'sche Verlagsbuchhandlung, 2011.

Alexander, Norman. *Mind Hacking.* Berlin: Econ, 2013.

Ann, Christoph. „Geheimnisschutz – Kernaufgabe des Informationsmanagements im Unternehmen." *Gewerblicher Rechtsschutz und Urherberrecht (GRUR),* 12 ff.

anonymus. *DEEP WEB.* Berlin: Aufbau Verlag GmbH, 2014.

Baggili, Ibrahim, und Marcus Rogers. „Self-Reported Cyber Crime: An Analysis on the Effects of Anonymity and Pre-Employment Integrity." 24. 10 2010. http://www.cybercrimejournal.com/ibrahimmarcusIJCCJuly2009.pdf (Zugriff am 08. 11 2014).

Bannenberg, Britta. *Korruption in Deutschland und ihre strafrechtliche Kontrolle.* Neuwied: Herrmann Lichterhand Verlag GmbH, 2002.

Bazzel, Michael. *Open Source Intelligence Techniques.* Leipzig: CCI Publishing, 2014.

Bergier, Jacques. *Industriespionage.* München: Wilhelm Goldmann Verlag, 1972.

Bisanz, Stefan. „Vom Wettbewerber zum Bestohlenen." In *Raubritter gegen den Mittelstand,* Herausgeber: Stefan Bisanz und Uwe Gerstenberg, 25–36. Berlin: Security Explorer, 2009.

Bock, Michael. *Kriminologie.* München: Verlag Franz Vahlen, 2014.

Broadhurst, Roderic, Peter Grabosky, Mamoun Alazab, und Steve Chon. „International Journal of Cyber Crimenology." *Organizations and Cyber crime: An Analysis of.* January-June 2014. http://www.cybercrimejournal.com/broadhurstetalijcc2014vol8issue1.pdf (Zugriff am 30. 09 2015).

Burgess, Christopher, und Richard Power. *Secrets stolen, Fortunes lost.* Burlington: Syngress Publishing Inc., 2008.

CIFAS. „Employee Fraudscape." *Depicting the UK's fraud landscape.* 01. 04 2014. https://www.cifas.org.uk/secure/contentPORT/uploads/documents/CIFAS%20Reports/External-CIFAS-Employee-Fraudscape-April14-softcopy.pdf (Zugriff am 08. 11 2014).

Clages/Zimmermann. *Kriminologie.* 2. Auflage. Hilden: VERLAG DEUTSCHE POLIZEILITERATUR GmbH, 2010.

Clark, Ronald. „Opportunity makes the thief. Really? And so what?" *Crime Science Journal,* 2012.

Cohen, Lawrence E., und Marcus Felson. „Social Change and Crime Rate Trends: A Routine Acitity Approach." *American Social Review,* August 1979: 588–608.

Coleman, James William. „Toward an Integrated Theory of White-Collar-Crime." *The American Journal of Sociology,* 09 1987: 406–439.

Control Risks. „International Business Attitudes to Corruption." *Survey 2013.* 22. 07 2013. http://www.controlrisks.com/~/media/Public%20Site/Files/Oversized%20Assets/International_business_attitudes_to_corruption.pdf (Zugriff am 08. 11 2014).

Corporate Trust. „Studie: Industriespionage 2014." Corporate Trust. 12. 08 2014. http://www. corporate-trust.de/pdf/CT-Studie-2014_DE.pdf (Zugriff am 08. 11 2014).

Dobelli, Rolf. *Die Kunst des klugen Handelns.* München: Carl Hanser Verlag, 2012.

Ellbogen, Klaus. „§ 99 StGB -Geheimdienstliche Agententätigkeit-." *Besch'scher Online-Kommentar StGB.* Online Ausgabe. Herausgeber: Bernd von Heitschel-Heinegg. München: C.H. Beck Verlag, 01. 07 2014.

Engberding, Reiner O.M. *Spionageziel Wirtschaft – Technologie zum Nulltarif.* Düsseldorf: VDI-Verlag GmbH, 1993.

Ernst&Young GmbH. „Datenklau: Neue Herausforderungen für deutsche Unternehmen." *Ergebnisse einer Befragung von 400 deutschen Unternehmen.* 01. 08 2013. http://www.ey.com/ Publication/vwLUAssets/Praesentation_-_Datenklau_2013/$FILE/EY-Datenklau-2013.pdf (Zugriff am 08. 11 2014).

Ernst&Young. „Intellectual Property Protection – Strategien für einen wirksamen Schutz geistigen Eigentums." Düsseldorf, 2012.

Felson, Marcus, und Ronald V. Clark. „Opportunity Makes the Thief – Practical theory for crime prevention." *Police Research Series P*, 1998.

Feuerstein, Sam. *Das böse Softskills Buch.* Dortmund: CreateSpace, 2014.

Fischer, Thomas. *Strafgesetzbuch mit Nebengesetzen.* 62. Auflage. Baden-Baden: C.H. Beck Verlag, 2015.

GALLUP GmbH. „Engagement Index Deutschland 2013." *Pressegespräch.* Gallup GmbH. 31. 03 2014. http://www.inur.de/cms/wp-content/uploads/Gallup%20ENGAGEMENT%20INDEX %20DEUTSCHLAND%202013.pdf (Zugriff am 08. 11 2014).

Geschonneck, Alexander. *Computer Forensik.* 6. Auflage. Heidelberg: dpunkt.verlag GmbH, 2014.

Guldner, Jan. „Trojanischer Ferrari." *Internationale Politik*, Januar/Februar 2014: 22–27.

Höffler, Katrin. „Risikokriminologie." *Monatsschrift für Kriminologie und Strafrechtsreform*, 08 2012: 252–268.

Hadnagy, Christopher. *Die Kunst des Human Hacking.* 2. Auflage. Verlagsgruppe Hüthing Jehle Rehm GmbH, 2011.

Harte-Bavendamm, Henning, und Frauke Henning-Bodewig. *Gesetz gegen den unlauteren Wettbewerb.* 3. Auflage. München: C.H. Beck Verlag, 2013.

Helisch, Michael, und Dietmar Pokoyski. *Security Awareness.* 1. Auflage. Wiesbaden: GWV Fachverlag GmbH, 2009.

Hirschmann, Kai. „Menschen&Wissen: Eigen- und Frempersonal als Risikofaktor." In *Rubritter gegen den Mittelstand*, 51–69. Berlin: Security Explorer, 2009.

Hock, Randolph. *The Extreme Searcher's Internet Handbook.* 4th Edition. New Jersey: Cyber Age Books, 2013.

Hohenstatt, Klaus-Stefan, Katrin Stamer, und Lars Hinrichs. „Background Checks von Bewerbern in Deutschland: Was ist erlaubt?" *Neue Zeitschrift für Arbeitsrecht (NZA)*, 2006: 1065–1070.

Holt, Thomas J, Deborah Strumsky, Olga Smirnova, und Max Kilger. „International Journal of Cyber Criminology." *Examining the Social Networks of Malware.* January-June 2012. http:// cybercrimejournal.com/holtetal2012janijcc.pdf (Zugriff am 30. 09 2015).

INTEL Security. „Net Losses: Estimating the Global Cost of Cybercrime." 19. 06 2014. http:// www.mcafee.com/ca/resources/reports/rp-economic-impact-cybercrime2.pdf (Zugriff am 08. 11 2014).

Jaishankar (Hrsg.). *Cyber Criminology.* Boca Raton: CRC Press, 2011.

Jaishankar. „International Journal of Cyber Criminology." *Establishing a Theory of Cyber Crimes.* July 2007. http://www.cybercrimejournal.com/Editoriaijccjuly.pdf (Zugriff am 30. 09 2015).

Jerouschek, Günther, und Kölbel Ralf. „Souveräne Strafverfolgung – Überlegungen zu einem Phänomen „stattsverstärkter" Wirtschaftskriminalität." *NJW*, 2001: 1601–1608.

Joussen, Jacob. „Mitarbeiterkontroll: Was muss, was darf das Unternehmen wissen?" *Neue Zeitschrift für Arbeitsrecht (NZA)*, 2011: 35–42.

Köhler, Helmut, und Joachim Bornkamm. *Gesetz gegen den unlauteren Wettbewerb*. 32. Auflage. München: C.H. Beck Verlag, 2014.

Köhler, Thomas R. *Vernetzt Verwanzt Verloren*. Frankfurt a.M.: Westend Verlag GmbH, 2014.

Kahle, Egbert, und Wilma Merkel. „Fall- und Schadensanalyse bezüglich Know-how-/Informationsverlusten in Baden-Württemberg ab 1985." 10. 06 2004. https://www.connect-community. de/Events/rheinland2008/vortraege/Studie-Uni-Lueneburg.pdf (Zugriff am 08. 11 2014).

Kammnigan, Ilka, und Ruth Linssen. „Korruption als „Situational Action"." *Monatsschrift für Kriminologie und Strafrechtsreform*, 10 2012: 331–347.

Kark, Andreas. „Die Zero-Tolerance-Regel Aus der Bronx in die Welt der Unternehmen." *Corporate Compliance Zeitschrift*, 2012: 180–185.

Kestermann, Claudia, Martin Langer , und Arthur Hartmann. „Konzernsicherheiten in den TOP100-Unternehmen Deutschland Österreich Schweiz." 18. 11 2014. https://www.fh-campuswien.ac.at/ fileadmin/redakteure/Publikationen/CSO_Top100.pdf (Zugriff am 25. 10 2015).

known_sense. *BLUFF ME IF YOU CAN*. Köln: Eigenverlag, 2015.

Kochheim, Dieter. *Cybercrime und Strafrecht in der Informations- und Kommunikationstechnik*. Hannover: Verlag C.H. Beck OHG, 2015.

Kochheim, Dieter. „IuK-Strafrecht." *System, Begriffe und Fallbeispiele*. 05. 04 2012. http://www. cyberfahnder.de/doc/Kochheim-IuK-Strafrecht.pdf (Zugriff am 08. 11 2014).

KPMG. „e-Crime Computerkriminalität in der deutschen Wirtschaft 2015." Berlin, 2015.

KPMG. „Wirtschaftskriminalität in Deutschland 2014." Deutschland, 2014.

Kraßer, Rudolf. „Der Schutz des Know-how nach deutschem Recht." *Gewerblicher Rechtsschutz und Urheberrecht*, 1970: 587–597.

Krieger, Wolfgang. *Geschichte der Geheimdienste*. 3. Auflage. München: C.H. Beck , 2014.

Lampe, Joachim, und Sigrid Hegmann. *Münchener Kommentar zum StGB*. 2. Auflage. Herausgeber: Wolfgang Joecks, Klaus Miebach und Bernd von Heitschel-Heinegg. Müchen: C. H. Beck Verlag, 2012.

Lampe, und Hegemann. *Münchner Kommentar zum StGB*. 2. Auflage. München: C.H. Beck Verlag, 2012.

Lashinsky, Adam. *Inside Apple*. 1. Auflage. Übersetzung: Carsten Roth. Weinheim: Wiley-VCH Verlag GmbH&Co. KGaG, 2012.

Litzcke, Sven, Ruth Linssen, Sina Maffenbeier, und Jan Schilling. *Korruption: Risikofaktor Mensch*. Wiesbaden: Springer Fachmedien, 2012.

Litzcke, Sven, Sina Maffenbeier, Ruth Linssen, und Jan Schilling. „Rechtfertigung von Korruption durch unbeteiligte Dritte." *Kriminalistik*, 10 2012: 598–604.

Litzke, Sven, Ruth Lissen, und Max Hermanutz. *Hannoversche Korruptionsskala (HKS 38)*. Herausgeber: Sven Litzke. Hannover, 2014.

Müller-Engbers, Helmut. „Inoffizielle Mitarbeiter der DDR-Staatssicherheit – Motive für geheimpolizeiliche und nachrichtendienstliche Kooperation." In *Nachrichtendienstpsychologie 3*, Herausgeber: Sven Litzcke und Sigfried Schwan, 7–42. Brühl: Schriftenreihe Fachhochschule des Bundes, 2005.

Maro, Fred. *Von netten und anderen Menschen*. Köln: epubli GmbH, 2011.

Martin, Leo. *Ich kriege dich!* 7. Auflage. München: Ariston Verlag, 2011.

Meier, Bernd Dieter. *Kriminologie*. 4. Hannover: Verlag C.H. Beck, 2010.

Melton, H. Keith, und Robert Wallace. *Das einzig wahre Handbuch für Agenten*. 2. Auflage. Übersetzung: Wibke Kuhn. München: Wilhelm Heyne Verlag, 2011.

Merton, Robert K. „Sozialstruktur und Anomie." In *Kriminalsoziologie*, von Fritz Sack und König Rene, Übersetzung: Heidrun Kaupen und Wolfgang Kaupen, 283–313. Frankfurt a.M.: Akademische Verlagsgesellschaft, 1968.

Middendorff, Wolf. *Historische Krminologie*. Bd. 4, in *Handwörterbuch der Kriminologie*s, von Alexander Elster und Hans Joachim Schneider, Herausgeber: Hans Joachim Schneider, 152–154. Berlin: Walter de Gruyter & Co., 1979.

Mitnick, Kevin D., und William L. Simon. *Die Kunst des Einbruchs*. Übersetzung: Jürgen Dubau. Hensbach: Verlagsgruppe Hüthig Jehle Rehm GmbH, 2010.

Moosmeyer, Klaus. *Compliance – Praxisleitfaden für Unternehmen*. 2. Auflage. München: C.H. Beck Verlag, 2012.

Nöller, Werner. „Korruption in Auslandsnachrichtendiensten." In *Nachrichtendienstpsychologie 1*, Herausgeber: Sven Litzcke, 27–38. Brühl: Schriftenreihe der Fachhochschule des Bundes, 2003.

Neubacher, Frank. *Kriminologie*. Baden-Baden: Nomos Verlagsgesellschaft, 2011.

Nord, IHK. „Unternehmensbefragung zur Betroffenheit der norddeutschen Wirtschaft von Cybercrime." 20. 06 2013. http://www.ihk-nord.de/blob/ihknord/downloads/1195188/f07e392805f5 6c57c6b8b9f0406404e8/Cybercrime_Umfrageauswertung_18062013-data.pdf (Zugriff am 26. 09 2015).

Pallandt, Dr. Otto. *Bürgerliches Gesetzbuch*. 72. Auflage. München: C.H. Beck Verlag, 2013.

PWC PricewaterhouseCooper AG. „Wirtschaftskriminalität und Unternehmenskultur 2013." 01. 11 2012.

Raupach, Sebastian M.F. , Martina Lienhop, Andre' Karch, Heike Rupach-Rosin, und Karen M. Oltersdorf. „Exzellenz braucht Existenz." 12. 12 2014. http://www.perspektive-statt-befristung.de/Exzellenz_braucht_Existenz__online.pdf (Zugriff am 14. 12 2014).

Richter, Christian, und Christian Liebig. „Diebstahlverhalten in Unternehmen Psychologische Determinanten von Mitarbeiterdiebstahl." 30. 10 2006. http://psydok.sulb.uni-saarland.de/voll texte/2006/845/pdf/2006-01_Mannheimer_Beitraege_web_3-_Richter_und_liebig.pdf (Zugriff am 23. 11 2014).

Roper, Carl. *Trade Secret Theft. Industrial Espionage, and the China Threat*. Richmond: CRC Press, 2014.

Rosenbach, Marcel, und Holger Stark. *Der NSA Komplex*. 1. Auflage. München: Deutsche Verlags-Anstalt, 2014.

Roth, Jürgen. *Gangster Wirtschaft*. 1. Auflage. Frankfurt a.M.: Eichborn AG, 2010.

Sack, Fritz, und Rene König. *Kriminalsoziologie*. Frankfurt a.M.: Akademische Verlagsgesellschaft, 1968.

Schönke, Adolf, und Horst Schröder. *Strafgesetzbuch*. 29. Auflage. München: C. H. Beck Verlag, 2014.

Schünemann, Wolfgang B. *Wirtschaftsprivatrecht*. 6. Auflage. Dortmund: UVK Verlagsgesellschaft mbH, 2011.

Scheben, Barbara, Alexander Geschonneck, und Christian Klos. „Unternehmerische Ermittlungen im Rahmen datenschutzrechtlicher Grenzen." *ZHR*, 2015: 240–266.

Schneider, Hendrik. „Das Leipziger Verlaufmodell wirtschaftskriminellen Handelns ." *NStZ*, 2007: 555–562.

Schneider, Hendrik, Dieter John, und Bernd Hoffmann. „Der Wirtschaftsstraftäter in seinen sozialen Bezügen." *Aktuelle Forschungsergebnisse und Konsequenzen für die Unternehmenspraxis*. Herausgeber: Rölfs Partner. 07. 01 2014. https://www.bakertilly.de/uploads/media/Der_Wir tschaftstaeter_in_seinen_sozialen_Bezuegen_02.pdf (Zugriff am 08. 11 2014).

Schneider, Hendrik, und Dieter John. „Das Unternehmen als Opfer von Wirtschaftskriminalität." *Eine viktimologische Untersuchung: Public und Private Sector im Vergleich* . Herausgeber:

Rölfs Partner. 07. 01 2014. https://www.uni-leipzig.de/~prozess/resources/Publikationen/RP_ StudieWikri_130215-ansicht-gesichert.pdf (Zugriff am 08. 11 2014).

Schuchter, Alexander. *Perspektiven verurteilter Wirtschaftsstraftäter – Gründe ihrer Handlungen und Prävention in Unternehmen.* Wiesbaden: Gabler Verlag, 2012.

Schwind, Hans-Dieter. *Kriminologie – Eine praxisorientierte Einführung mit Beispielen.* 21. Auflage. Osnabrück: Kriminalistik Verlag, 2013.

Singelstein, Tobias. „Wirtschaft und Unternehmen als kriminogene Strukturen?" *Monatsschrift für Kriminologie und Strafrechtsreform*, 02 2012: 52–70.

Smallridge, Joshua L., und Jennifer R. Roberts. „International Journal of Cyber Criminology." *Crime Specific Neutralizations: An Empirical.* July-December 2013. http://www.cybercrimej ournal.com/smallridgerobertsijcc2013vol7issue2.pdf (Zugriff am 30. 09 2015).

Sutherland, Edwin H. „White-collar Kriminalität." In *Kriminalsoziologie*, von Fritz Sack und Rene König, Übersetzung: Karl-Dieter Opp, 189–200. Frankfurt a.M.: Akademische Verlagsgesellschaft, 1968.

Sykes, Gresham M., und David Matza. „Techniken der Neutralisation: Eine Theorie der Deliquenz." In *Kriminalsoziologie*, von Fritz Sack und Rene' König, Übersetzung: Karl-Dieter Opp, 360–371. Frankfurt a.M.: Akademische Verlagsgesellschaft, 1968.

Többens, Hans W. „Wirtschaftsspionage und Konkurrenzausspähung in Deutschland." *NStZ*, 2000: 505.

„The Open Society And Its Enemies." 1962. https://www.andrew.cmu.edu/user/jksadegh/A% 20Good%20Atheist%20Secularist%20Skeptical%20Book%20Collection/Popper%20-%20The %20Open%20Society%20and%20its%20Enemies.pdf (Zugriff am 14. 08 2015).

Thum, Rainer, und Christina Szczesny. „Background Checks im Einstellungsverfahren: Zulässigkeit und Risiken für Arbeitgeber." *Betriebs Berater*, 2007: 2405 ff.

VERIZON. „2014 Data Breaches Inverstigations Report." 14. 04 2014. http://www.ver izonenterprise.com/resources/reports/rp_data-breach-investigations-report-2013_en_xg.pdf (Zugriff am 08. 11 2014).

Wehner, Ulrich. „Computer und Online Strafrecht." *Heise-Online Rechts.* Beck Online. C.H. Beck Verlag, 2011.

Wikström, Per-Olof H. „Situational Action Theory." *Monatsschrift für Kriminologie und Strafrechtsreform*, Juni 2015: 177–186.

Winkler, Ira. *Corporate Espionage.* Rocklin: Prima Publishing, 1997.

Worcester, Maxim. „Mehr oder weniger Intelligence? Über die Rolle der Geheimdienste." *Wirtschaftswoche online.* 10. 08 2015. http://www.wiwo.de/technologie/digitale-welt/mehr-oder-weniger-intelligence-ueber-die-rolle-der-geheimdienste/12159738.html (Zugriff am 14. 08 2015).

Workman, Michael. „Gaining Access with Social Engineering: An Empirical Study of the Threat." *Information System Security.* 12. 05 2007. http://www.tandfonline.com/doi/pdf/10.1080/106 58980701788165 (Zugriff am 08. 11 2014).

Workman, Michael. „Wisecrackers: A Theory-Groundes Inverstigation of Phishing and Pretext Social Engineering Threats to Information Security." *Journal of the Society for Information Science and Technology*, 21. 12 2007: 1–12.

Wurzer, Alexander J., und Lorenz Kaiser. *Handbuch Internationaler Know-how-Schutz.* München: Bundesanzeiger Verlagsgesellschaft mbH, 2011.

Ziercke, Jörg, et al. *Raubritter gegen den Mittelstand.* 1. Auflage. Herausgeber: Stefan Bisanz und Uwe Gerstenberg. Berlin: Security Explorer, 2009.

# Stichwortverzeichnis

© Springer Fachmedien Wiesbaden 2016
D. Fleischer, *Wirtschaftsspionage*, DOI 10.1007/978-3-658-11989-8

Printed in the United States
By Bookmasters